乡村振兴十人谈

乡村振兴战略深度解读

主编◎温铁军　张孝德

江西教育出版社
JIANGXI EDUCATION PUBLISHING HOUSE

乡村振兴

留得住的乡味

记得住的乡愁

图书在版编目(CIP)数据

乡村振兴十人谈：乡村振兴战略深度解读 / 温铁军，张孝德主编.—南昌：江西教育出版社，2018.12（2023.7重印）
ISBN 978-7-5705-0413-8

Ⅰ. ①乡… Ⅱ. ①温… ②张… Ⅲ. ①农村-社会主义建设-研究-中国 Ⅳ. ①F320.3

中国版本图书馆 CIP 数据核字(2018)第 166751 号

乡村振兴十人谈：乡村振兴战略深度解读
温铁军　张孝德　主编

江西教育出版社出版
（南昌市学府大道 299 号　邮编：330038）
各地新华书店经销
安徽联众印刷有限公司印刷
710 毫米×1000 毫米　16 开本　15.5 印张
2018 年 12 月第 1 版　2023 年 7 月第 12 次印刷
ISBN 978-7-5705-0413-8
定价：36.00 元

赣教版图书如有印装质量问题，请向我社调换　电话：0791-86710427
投稿邮箱：TOUGAO_BOOK@126.com　来稿电话：0791-86706210
网址：http//www.jxeph.com

赣版权登字 -02-2018-486

序

乡村发展是党中央一直持续关注的重大问题，同时也是具有挑战性的难题。党的十九大报告，再度把乡村问题提到了少有的历史与时代高度。在中国迈向新时代的背景下，探索中国特色的乡村振兴之路，是一个具有挑战性的新课题。从党的十九大报告到中央农村工作会议，从习近平总书记关于乡村振兴的一系列重要讲话中可以发现，迈向新时代的乡村战略，是基于新思维、新理念、新思路的重大战略。如果不能站在时代的高度，以新的思维认识乡村、实施乡村振兴战略，那么乡村振兴战略就会犯方向性错误。

经过改革开放四十年的中国，我们有强大的物力、财力和执行力，但也形成了阻碍我们正确认识乡村、读懂中国乡村的诸多惯性思维。所以，在这个重大转型时期，实施乡村振兴战略，“知”比“行”更重要。

乡村是中华文明基因的携带者，乡村是中国最大的国情，不懂得这一点，就无法理解为什么近代以来，中国在追赶西方的现代化进程中，一直是走中国特色的道路。从毛泽东的新民主主义革命到邓小平的改革开放，我们一直是走一条乡村包围城市的道路。如果从纯经济功能看乡村，中国乡村地位和作用，可以到忽略不计的程度。如果按照目前盛行的物质主义、GDP 主义的认识来解决乡村问题，让乡村快速城市化，让农民快速市民化，那么以这样的思维就无法深度理解十九大提出乡村振兴战略的时代内涵与现实意义。

乡村与城市，作为人类文明载体的两极，它们是等值的，具有相互无法替代的各自的独特功能与地位，在中国尤为如此。从“城乡统筹”到“城乡融合”，是十九大报告关于城乡关系的新提法、新思维、新定位。但长期以来，我们一谈到乡村，很多人就下意识地认为乡村是愚昧的、落后的，乡村是不文明的，城市才是文明的。如果以这种思维落实乡村振兴战略，就会无视中华五千年乡村独特的历史与文化价值，就会把“乡村建设得与城市一样”作为乡村建设的目标。在十九大之后，这种认知思维仍然在流行。

乡村作为农业生产的载体，是以生命为对象，以自然、乡土文化为资本，以满足人类生存需要为目标的农业生产，它是不同于工业的一种独特生产方式。但在如何发展乡村经济上，我们却一直被另一种思维左右，即以工业经济的思维来发展我们的乡村经济。按照这种思维，小农经济被认为是中国迈向农业现代化的最大障碍。对于这个颇具争议的问题，党的十九大报告为中国小农经济正了名，明确提出小农户能够与现代农业发展有机衔接。尽管如此，但以小而美、小而优、小而多样化的思维发展乡村产业，若想被社会大众普遍接受，目前仍有很大障碍。

乡村是熟人社会，城市是生人社会，由此决定了不能把治理城市的思路搬到乡村来。鉴于此，党的十九大报告第一次明确提出了乡村的治理体系是自治、法治、德治相结合的治理体系。最值得我们反思的就是20世纪90年代以来，基本上是按照城市治理思维在治理乡村。

对于乡村治理过程中出现的严重失灵的问题，研究的文章很多，但都有一个共同不变的假定，就是认为这种民主选举制度没有问题，问题的症结主要是农民素质不高、法治不健全等。如果不改变我们的思维，不能回到以熟人社会为逻辑起点来探索乡村治理，可以肯定，对于我们国家乡村治理难题的破解，就会越破解问题越多。

麻雀虽小，五脏俱全。乡村有乾坤，事关天下事。党的十九大报告，提出的乡村振兴战略，首次将长期以来对农村的称谓变成了乡村。从“农村”到“乡村”虽然只是一字之差，其中却包含着中央对乡村振兴的新思维。随着称谓的改变，今年三月召开的十三届人民代表大会，还把原来的农业部变成了农村农业部。

现在的农村称谓，是基于现代经济学的三次产业理论。按照三次产业理论，农村的功能是专门从事第一产业的地方。而承载着中国文化与文明基因的乡村，是一个集生活与生产、社会与文化、历史与政治于一身的文明体。从农村到乡村，预示着中央管理乡村思维方式的转变，对乡村功能认识的转变。按照这个思路，党的十九大明确提出的是乡村振兴战略，而非农村振兴战略。如何摈弃以往的碎片化思维、纯经济思维，以一种系统整合的思维解决乡村文明发展的问题，是实施乡村振兴战略的重要思路与理念。

乡村振兴如此重要，谁来振兴乡村？对于这个问题，十九大报告提出了最有新意的要求：培养造就一支懂农业、爱农村、爱农民的“三农”工作队伍。源于血缘关系及熟人社会的乡村，是一个以亲情关系为维系纽带的乡村。可以说，这种中国乡村社会所特有的敦厚、本分、好客、重情的亲情特质，已成为农民特有的思维方式。所以，我们要更好地认识农村，与农民兄弟打交道交朋友，也必须要以同样的思维来进行。落实十九大报告提出“产业兴旺、生态宜居、乡风文明、治理有效、生活富裕”总要求，需要做的事情很多，但开启乡村振兴的第一道门，就是对中国乡村、农民的感恩思维。这是将党的政策与乡村联系起来的重要通道，这是激活乡村振兴内生动力的重要因素。

综上所述，十九大提出的乡村振兴战略，是习近平总书记治国方略的重要组成部分，是面向新时代的重要战略。虽说践行很难，但将其认识清楚同样不容易。从这个意义上讲，如何认识乡村振兴战略，如何深度解读乡村振兴战略，就显得至关重要。鉴于此，我们将长期在第一线关注、研究甚至践行乡村建设的十位专家学者的观点，进行了一次汇集，希望能为乡村振兴参与者、践行者、研究者有所启发、有所帮助。

2018年6月1日

目录

十人谈◎廖晓义　北京地球村环境教育中心创办人兼主任

十人谈◎胡跃高　中国农业大学农学院教授

十人谈◎温铁军

中国人民大学乡村建设中心主任

作者简介

温铁军，“三农”政策专家，管理学博士。现任中国人民大学学术委员会副主任、中国农业经济学会副会长、国务院学位委员会第七届农林经济管理学科评议组召集人、中国人民大学乡村建设中心主任，兼任西南大学中国乡村建设学院执行院长、福建农林大学海峡乡建学院执行院长、北京大学乡村振兴中心主任。先后承担了多个国家社会科学基金和自然科学基金的重大、重点、一般、应急课题，以及教育部和其他部委的重大重点科研项目，国家“985 计划”中国农村发展试验创新基地（I 类）、北京市重点“农村发展管理交叉学科建设”等项目。代表著作：《三农问题与制度变迁》《八次危机：中国的真实经验 1949 ~ 2009》。

【摘要】

现在的全球危机，很大程度上表现为美国向世界转嫁成本。只要把握金融资本和债务危机之间的关系，复杂矛盾就会看得比较清楚。中国经济正在“脱实向虚”，而乡村振兴依然是投资主导型的国家战略——把过剩生产能力导向乡村基本建设和社会建设——也是改正虚拟化的战略。而在中国乡村振兴中，如果真能贯彻城乡融合，实现城镇化和“逆城镇化”的相辅相成，未尝不是体现中国特色的重大战略调整。特别是当我们遭遇到巨大外部压力时，如果没有乡土社会的复兴，国家抵御外部转嫁危机的能力就会大幅度下降。

全球危机与中国战略转型中的乡村建设

到目前为止，人们对中国发展经验教训的归纳总结缺乏深度。因为从西方照搬来的所谓的理论解释，基本上是意识形态化的。也就是说，海内外关于中国的很多说法，仍然受制于冷战意识形态和后冷战意识形态。

实际上，我们现在照搬西方的所谓的社会科学体系，或者人文知识体系，一定程度上还是西方主流意识形态的学术性包装。也许，因为是包装，就无法解释转型时期的复杂矛盾，社会的情绪化争论频发，在热点问题上的派系色彩就比较重。

我们面临的真实情况，恰是中共十九大归纳的“不平衡、不充分”的主要矛盾的表现：一方面自然资源环境条件非常有限，另一方面难以在沿海经济带更多承担全球危机压力的条件下，改变当年做出的本来就是推进不平衡发展的决策——强调东部沿海先发展，一部分人先富，再搞所谓先富带后富。

但是，更为深刻的问题是，仅就五大气候带覆盖下的中国三级台阶的地理分布客观条件约束来看，当年那个先富带后富的说法是很难实现的。当然，相对于中国这种区域差别复杂的国家而言，此说法当年被大家接受，并且作为一种正确的战略选择，也无可厚非。

中国发展的不平衡，客观上看主要是城乡、区域、贫富这三大差别严重拉大。其中，城市与农村地区的不平衡、乡土文化的不充分，尤为突出。

这些不平衡的矛盾及其原因，一定程度上是主观客观都有的，是中国客观上三级台阶的地理分布、五大气候带约束条件下形成的，是浅表地理资源多样化的后果。

一、两次输入型危机及其不同应对

主流意识形态强调加入全球化的好处，但忽略了大多数发展中国家加入全球化都是有代价的。诚然，没有任何事情是只有收益没有成本的。

从20世纪90年代初中国加快全球化进程以来，我们的危机基本上都是“输入型危机”，当然也有相应的内部因素。比如，1989~1993年美国制裁要求外资全面撤离之际，我们推进这种严重不平衡的改革，就直接导致了内需的大幅度下降。

接着是20世纪90年代中后期出现4500万国企打工者不叫失业叫下岗待业的事情——在统计资料当中他们是没有失业的工人，而实际上我们有着世界上最大规模的失业。4500万国企职工的下岗对应着上世纪90年代的人均赡养系数曾达3.3，那时超过1亿人的收入受到严重影响，还会有内需拉动经济增长吗？当然没有。同期，在一系列的宏观改革成本向农村转嫁之下出现的是，乡村基层入不敷出造成农民的负担大幅度提高。别说只有旧社会预征税，在 90 年代某些地方的预征税已经到了 2007 年。那时农村税费人均负担和亩均负担都是历史最高的，因此农村也没有条件扩大内需。

由此可知，20 世纪 90 年代的经济增长必须依靠外需，那就得加快全球化。这是主观客观两大因素共同造成的结果。

尽管中国是一个庞大的十几亿人口的国家，但那时海外投资者找我咨询，我都告诉他们，中国并不是 13 亿人口的大市场，只是城市有部分支付能力的有限市场。这就像我今天告诉国内去印度投资的企业一样，不要看印度是一个 12 亿人口的大市场，印度 92% 人口不在你们想象的所谓的市场经济体制之中，而在体制之外的“灰色地带”。

因为没有内需，到 1997 年东亚金融危机之前我们的进出口占 GDP 的比重高达 70% 左右，是世界最高的。就在这种情况下，遭遇东亚金融危机爆发，突然出现外需下降，中国就陡然发生了生产过剩危机——那几乎是西方 1929 ~ 1933 年大危机的翻版，最大不同，在于西方因危机而演化为二次大战。

中国发生生产过剩危机，难道中国领导人没有意识到吗？不。决策层很清楚，并且及时转向“投资拉动”。

诚然，我们只不过是没有在正规文件的表达中清晰表述我们在 20 世纪 90 年代末期遭遇的第一次生产过剩大危机，也没有说明西方在 20 世纪 30 年代生产过剩危机条件下，哪些市场化国家走向了战争，实际上互相摧毁对方生产能力，直到把美国拉入战争才演化为世界大战。因为这个市场经济的意识形态化，正是今天大家所相信的主流价值观。

中国应对生产过剩危机，实施的是“中国版”的凯恩斯主义，也就是朱镕基的“铁腕新政”。1998 年开始启动西部大开发，3.6 万亿投资，其中三分之二国债。从那个时候开始，我国政府债务数量及占比都大幅度上升。但是，我认为这是“建设性负债”。因为西部开发没有回报，那时西部修高速公路，路上没几辆车，没多少人交过路费，所以投资是不可能回收的，于是就变成了债务，我称其为“沉没成本”。此外就是东北振兴，2 万亿多投资，也大部分属于“沉没成本”。

从东亚金融风暴到 2003 年政府换届，基本建设投资合计约 6 万亿，由此导致中国进入到一个靠投资拉动的经济发展时代，并从此一发而不可收。到下一届政府接手，就跟“萧规曹随”的道理是一样的，继续扩大投资拉动经济。新政府第一个战略是中部崛起，大约 3 万亿的投资；第二个战略是 2005 年的新农村建设，到 2017 年已经累计投资 13 万亿，可见，这 20 年基本上是靠投资拉动 GDP 增长。

中国特色的投资拉动依赖举国体制。虽然稳住了中国 GDP 的“七上八下”，也一定会有大量的“沉没成本”。主要表现为城市中形成的豪华机场、高铁、高速路、车站码头，以及政府大楼、场馆等国有物业资产。所以，中国具有世界最大规模的负债，而这些负债大部分压在了基本建设投资形成的物业资产上，短期无法收回。也因此一定导致承担投资的银行流动性资金短缺，从而迫使“央妈”放水。从中国自身来说，大量投资造成国有部门债务，不放水就会投资枯竭，中国经济就会下滑。因此，维持中国经济增长的秘密，其实很大程度是财政债务和央行金融这两个都在放水的“龙头”。

无独有偶，世界上在金融资本阶段的所有国家都在增发债务，区别仅在于能不能控制通胀率和利率来维持增发。从现在情况来看，那个强势国家的政府是不还债的，主要是向世界各国发新债来抵不可能偿还的旧债。因此，在 21 世纪一个众所周知的公开的秘密，也是一个新现象，就是债务大规模增加，但是没有哪一个发债的打算还清债务。这就是世界今天面临的主要问题。

在这样的情况下，外部世界势必再度因债务和金融双扩张而导致的内生性制度成本不断增加，并最终演化成全球危机爆发。也就是说，类似 2008 年的华尔街金融海啸造成全球危机的情况会再度爆发。

2008 年华尔街金融海啸之后，中国被动地陷入第二轮生产过剩危机。

这主要是因为2009年全球危机爆发再度造成的需求显著下降，使中国这个为全球生产消费品和中间产品的加工贸易型国家再度遭遇生产过剩。诚然，相隔10年的这两次生产过剩都可以称之为“输入型危机”。这应该算是中国加入全球化的代价和制度成本。没有什么事情只有益处没有代价。我们如果将其作为常识，心中很多的愤懑就会释然。

二、金融资本阶段全球化竞争的实质

大家都在说中国崛起引发美国对中国这种增长方式的战略压制。双方都感到性质上的差异，客观上是以国家作为政治信用主体强化举国体制。据此向主权货币这种国家长期信用工具赋权。于是，中国由于政治稳定程度高于一般发展中国家，就出现主权货币快速扩张，从而推进了金融资本从实体经济异化、扩张和纳入全球经济金融化的过程。

经济金融化进程，在“新时代”是有显著作用的，在中国，这是结构性的国家信用扩张。但在同一时期由于外需下降造成的生产过剩，金融资本扩张的同时必然脱实向虚，也就造成股市和房市的投机泡沫。金融扩张与地产结合才能抵消因本币对冲增发造成的通货膨胀压力。但由于过分依靠地产开发的地方政府没有权力发债，就普遍陷入了地方债危机。唯有依靠中央政府财政转移支付。中央有权既发货币又发债，中央和地方两种政府的信用赋权能力不同，政治经济社会多种矛盾也比较复杂。

从以上简述的事实可知，靠金融资本扩张，中国虽然会在短期内有高增长，将来会怎么样呢？按照现在的产业资本、商业资本和金融资本三大资本的总量来看，中国已经是世界第一的国家。如果继续按照西方的路径走，我们已经走不下去了。以前说是摸着石头过河，现在我们就是滚到别人前面的那块大号石头，别人摸着怎么都觉得不顺，“不对路”。

无论是产业资本、商业资本还是金融资本，我们现在都已经是全球最大的资本总量国家。当你变成全球最大生产国时，也就会是最大的贸易国。而有大量海外贸易就要大量使用硬通货，也就需要大量储备硬通货。美元是占比最高的硬通货，进来一个美元，就要对应地增发人民币。所以新世纪我国人民币增发，三分之二是因为进出口导致的外汇增加对冲增发。于是，中国变成世界金融增长最快的国家。

但在生产过剩造成实体经济下行期，客观上看，占有这些新增货币的投资人不可能投资于每月收益的实体产业，要么进股市，要么进房市，大都进入虚拟资本市场。于是有钱人就觉得不踏实，觉得虚拟的泡泡早晚得破，整个社会有一种惶惶然的心态，是因为陡然进入了大规模金融扩张阶段，同时进入经济虚拟化阶段。至于什么时候、在哪里出事，谁也说不清楚。

中国经济正逐步虚拟化。其实看美国经济，二十年前早就虚拟化了。现在的全球危机，很大程度上是美国对世界转嫁危机。近年来则更多表现为中美两个国家在虚拟资本领域当中的对抗趋势，例如亚投行和石油期货的人民币结算，而不是西方给定的意识形态包装。

中美金融资本竞争无所谓对错，真正的实质性差异在于：中国的金融资本体系是以国家政治强权所形成的长期政治信用为依据，国家赋权形成的货币长期信用在社会上的存在。中美两国都处在金融资本阶段，都进入了虚拟经济扩张。但由于中国是靠着国家政治信用向货币体系做赋权，因此西方一定反对你的国家政治，什么手段都使用。他们认为，最好的手段是策动内部反对使得中国的国家信用崩溃。

总之，中国纳入全球化的代价之一就是通过美元为主的外汇不断流入，派生出的金融虚拟化扩张造出来的一个巨大泡沫。若想让它不崩掉，只能在维护虚拟化的同时逐步调控挤出泡沫。金融资本全球化阶段就是这种劣质竞争，任何个人改变不了中国纳入金融资本虚拟化竞争的趋势，那就是国家制造货币，维持还不起的债务不崩掉。

那么，西方主导国家的货币信用赋权是什么来源呢?

放弃黄金作为货币发行依据之后，美国的货币信用是私人性质的，由一批私人银行家联合组成的机构——美联储，它不是一个国家政治信用向货币做赋权，而是私人资本家利用美国的对外军事、政治强权作为私人银行家对外发行信用的依据。因此，它是私人银行家们的货币体系和美国军事强权的直接结合的制度，这就是今天的美国掌控的所谓“国际秩序”。

欧洲的南方国家之所以被称为“欧猪”，在于它无法靠货币扩张解决债务危机。虽然欧盟有欧洲议会，但却不是政府，没有条件发行主权债务，而欧洲在成立了中央银行之后却可以增发货币。欧洲各个国家政府可以独自发债，但却不能发货币。因此客观上看，欧债危机是因为欧洲财政、金融两只手不匹配造成的。欧洲的体制矛盾是能发货币的不能发债，能发债的不能发货币，两者不配套。

西方社会中，只有军事政治强权和私人银行家体系紧密结合的美国，才能两只手密切配合：政府要增加发债就要靠私人银行家集团增发货币。再就是东方，我们这种庞大的维持政治强权的一党制的国家，凭着国家政治长期信用直接向货币和债务体系赋权。中央政府告诉国人 2050 年之后我们就是发达国家了，这是个长期信用的宣示，据此得以稳定国家的货币信用，同时也就稳定了国家的债务信用。

因此，看看我们在国际竞争当中所处的位置，既然无法脱离进入金融资本阶段的客观规律，无论作为个体主观上认同与否，客观上得承认我们正处于人类的资本主义的金融资本阶段。

美元之所以具有世界霸权地位，是因为至今仍然是世界主要的结算货币。作为结算货币，当然必须是世界各国政府的储备货币。中国是最大的美元储备国，最高时超过 4 万亿美元。

虽然欧元的币值比美元高，但欧元还不是政治信用赋权形式，也没有军事强权支撑欧元信用。因此到现在为止，欧元在世界结算货币的占比不到30%，与过去德国马克所占的比重相比，没增加多少。从经济的角度来看，欧洲区内贸易大于区外，因此欧元的存在有客观的合理性。当然人民币逐渐作为国际货币，也有客观的合理性，因为我们的进出口贸易额很大。

从以上分析得知，世界并没有那么复杂，只要把握金融资本和债务危机两者之间的关系，所有矛盾就看得比较清楚。抓住本质，其他蛊惑性的讨论，没有必要跟从。

目前，我们无法挑战美国老大的地位，因为作为一头老牛我们被人家剥了“两次皮”。

美元作为纸介货币，其实什么都不是，印刷成本也很低，但是只要维持住结算货币对应的权力，就一定是我们用各种各样的实物资产、能源和原材料来跟他们这张纸交换。只要我们沿着这种大进大出的所谓“全球化道路”继续走下去，就除了向美国贡献，换张留不住的纸之外，还要把这张纸送回去投入到仅对我们开放的领域——美国的国债市场，让它的国债变成一个世界性的财产。我们是美国第一大国债持有国，其债务的平均年收益才不足3%。美国企业拿美元到我们这投资，平均年收益是21%。祸兮福所倚，福兮祸所伏。从这一点看当下的中美贸易战，若在贸易盈余下降同时有策略地减持美国国债，反倒成了我们有效遏制中美贸易战升级甚至失控的一个撒手锏。

由于看透了这些本质关系，因此我们选择走中间道路。

我们在实体贸易上被人家剥了一次，在金融领域当中被剥第二次，一头牛被剥两次皮，这是长期现象。而他们向我们提供的最大宗的出口是服务，包括制度转轨服务、意识形态和文化教育服务、好莱坞服务，等等。而所有这些服务带来的潜移默化的结果，就是让你在自觉不自觉之中享受着被人剥削了的快感。这也是为什么十九大在原有三个自信（道路自信、理论自信、制度自信）基础上，再加上一个“文化自信”的原因之一。

三、全球危机背景下，中国战略转型的出路

中美战略冲突，迫使我们被动应对全球危机的背景下，中国自主提出生态文明的战略转型。可行的出路目前主要有三条：一带一路、“亚区域整合”和乡村振兴。

1. “一带一路＋亚区域整合”的转型出路

全球危机背景下，中国的出路在哪里？目前情况看，中国在世界上其他地区的投资损失很大，比如在非洲我们的投资损失就很大。因为我们不是用西方人搞殖民化的方式进行所谓的“开拓”，而是只用市场交易的方式，这就一定要承担“灰色地带”大部分是市场方式失灵带来的外部性损失。

中国现在正在落实的“一带一路”倡议，客观上是两手抓。一只手，是把中国遭遇两次生产过剩危机条件下所形成的过剩生产能力，在“一带一路”变成建设性的投资，我们叫“互联互通”；另一只手，是从周边做起的另外一种方式，也是在蚕食美国主导全球金融化的奶酪。我们不仅和周边，还和世界其他的大洲，包括拉美和非洲，都签订了大量的双边货币协定。这些做法意味着我们在一口一口地蚕食美国的奶酪，并在此过程中也实现了人民币渐进地国际化。

中美双方的关系从渐趋紧张，到现在剑拔弩张，主要原因是这次中国不再是蚕食，而是要大切一块奶酪。1971 年 8 月 15 日，美国单方面宣布停止美元兑换黄金。美元与黄金脱钩，遂使“布雷顿森林体系”解体。美元脱离了“贵金属”之锚，开始靠国家的军事霸权地位及由此派生的强权信用成为世界各国储备货币。中国现在要让人民币做原油和铁矿石期货的结算货币，

并且可以以黄金的兑换来保障，要恢复金本位吗？这是要动人家奶酪的根本，也是中国陡然超过俄国成为美国第一主要竞争对手的原因。

当然，这个变化也不能责怪谁，中国和美国本来就是一对矛盾体。整个20世纪美国都是矛盾的主要方面，21世纪仍然是这样。但中国也在从量变到质变。如果想改变一直与人为奴的境况，这3万多亿外汇储备就要自己拿出去做投资，于是就有丝路基金、亚投行等中国主导的国际金融机构，也因中国没有按照美国的指挥而是按照自己利益去投资，就破坏了美国确立的国际秩序，被西方批为“新帝国主义”“新殖民主义”。

中国现在成了世界第一大石油进口国，长期外贸顺差和国内低通货膨胀都使人民币相对稳定。按照常理来说，石油用人民币结算是可以的。但这是动了美国的奶酪，后来演变成所谓“贸易战”。而贸易战的背景其实是金融战，背景是两种不同的货币体制。

我们也不必说谁的货币体制一定好，谁的制度背景一定好，人类在资本主义阶段没有绝对好、绝对坏。如果我们不能生态化转型，有效地改变自己，从我做起，最终只有悲剧。

从客观目的出发，我们不必跟着网络炒作的“中国要当世界老大”之类的谣言跑，“一带一路”倡议本身也并不是要取代美国霸权。中国的工业生产能力，实际上可以帮助周边同中国签订双边货币互换协定的国家实现“互联互通”，最终变成联通欧、亚、非三大陆的最大“区域整合”。

2. 十九大提出的乡村振兴战略是中国应对全球危机的出路

在有限的资源条件下，我们进入工业化并不只是带来经济增长的好处，实际很大程度上也是以牺牲资源环境为代价的。在这种情况下，中国对外是“一带一路”，对内则主要是乡村振兴战略。这依然是投资主导，也就是把过剩生产能力导向乡村基本建设。无独有偶，从2003年温家宝任期开始提出的“中部崛起”之后，接着就是 2005 年提出新农村建设这个国家大规模投资“三农”的战略。最大的收益是到 2009 年遭遇全球危机引发的第二次生产过剩之际才体现出来——恰是在农村形成的“五通”，有力支撑了以“家电下乡”为主的内需增长，缓解了中国被动接受的输入型危机……

自 2005 年之后，农村投资大幅度增长。到目前为止，国家十余年来用于“三农”的投资已经成为财政支出的最大项，大概 60% 的国家财政用于县以下乡村投资。这是一个很重要的比例关系。现在我们的农村人口占比统计数据上不到 50%，但是国家财政投资超过 60% 在乡村，这样做的性质是什么呢？按照胡锦涛提出的“两个反哺”，这样做类似于对乡村进行国家补偿，而这个事只有中国能做到。

从这个再平衡的角度来讲，我们应该高度评价现在的乡村振兴战略。尤其是习近平总书记最近在两会上提到，中国也有逆城镇化，且城镇化和逆城镇化应该是相辅相成。在西方，城市化就是城市化，而在中国如果真的实现城乡融合，城镇化和逆城镇化的相辅相成，未尝不是一次重大调整。

一是城乡融合与“新上山下乡运动”。政府投资基础设施相当于支付了机会成本，接下来就是资本下乡和市民下乡追求机会收益。随着大量的国家财政投资乡村基本建设，再度形成新的“沉没成本”，也意味着任何外部主体在乡村都可以得到收益机会。比如说乌镇，如果不是因为整个东部地区高速公路已经密如蛛网，怎么会有一个保存了老旧水乡的乡土建筑、老旧的乡土文化的地方得到突然的发展机会？

现在这个发展机会已经深入到了山区。乡村振兴要实现的是城乡融合新战略，而中国国土面积 70% 以上是山区、高原、荒漠，这些地区基本建设在过去的国土资源中属于不会被开发，没有潜力的地方。现在这些地方却因没有搞过工业而出现了新的机会，于是近年来不仅大资本开始下乡，甚至连中小企业、乡贤和市民也在下乡。

北大的钱理群老师把我们乡建这些年做的事总结为“新上山下乡运动”，也许是有道理的。城乡融合如果能够在中国这片土地上变成人们可以接受的经验过程，对全社会实现生态文明转型是有积极意义的。

中国的生态文明战略调整转向乡村振兴其实是练好内功。特别是当我们遭遇到巨大外部压力时，如果没有乡土社会的复兴，国家抵御外部转嫁危机的能力就会大幅度下降。因此，现在的乡村振兴战略是面对重大国际挑战的内生性的调整。

二是从农业 1.0 时代到农业 4.0 时代。1.0 时代的农业作为第一产业其实是殖民化的产物。中国有一万多年的农业文明。什么叫文明？有了农业才有文明，在农业之前人类是蒙昧的，只会扔石头打野兽，虽然有工具，但是仍在蒙昧状态。进入到了农业，才有文明，才有轩辕黄帝形成的有制度规范的国家政治，这是一个渐进演变的过程。

农业文明原本不是第一产业，而是人类依据一定的生态资源、地理环境条件而形成的一种文明的存在。什么时候农业变成第一产业了呢？殖民化时期。当西方殖民者占领了美洲大陆、澳洲大陆时，把这些地方作为原料生产地用于欧洲工业原始积累，才称之为第一产业。

那么第二产业在哪里呢？在欧洲本土。这也带来了欧洲当年工业化的所谓的“崛起”。欧洲的崛起并不是今天很多“小文人”们所宣传的“制度优越、文化优越、教育优越”，这些当然也是影响因素，但不是主要因素，主要因素在于把殖民地大陆的原材料生产作为第一产业，来占有剩余现场资本积累。因为只从事第一产业没有太多收益，欧洲大陆的白人殖民者不做没有收益的工作，于是乎就从非洲大陆掠夺黑奴充当劳动力，也就把希腊罗马的奴隶制度再度复兴了一遍，这就是农业作为第一产业的海外背景。

我们国内把农业作为第一产业是什么时候？严格意义来说，是从 1956 年开始的。以“乡”为单位组建的“高级社”，成规模地把土地和农民劳动力集中起来，把农业变成第一产业，然后城市占有“三农”剩余来发展第二产业。可见，我们城乡之间存在着占有剩余这种内部资本积累的关系。所以，我认为中国的农业作为第一产业是伴随着“高级社”产生的。

今天所有农业教科书上坚持的所谓的“第一产业论”，其实坚持的是集体经济以来的一种现象。当农民大包干恢复了小农经济，村社又变成百业兴旺，就导致了对农业文明的复归。因此现在的乡村振兴如果可以延续传统文明中的那些积极因素，中国的稳定，特别是乡土社会的稳定，将是 21 世纪非常重要的内涵、非常丰富的领域。

因此，我们把现在推进生态文明战略转型以来，在乡村萌生的这些社会多元参与式创新的做法称之为“农业 4.0 时代”，它是生态化的、社会化的，而不是资本化的、一产化的。2017 年中央一号文件提出农业要搞一二三产业的融合，尽管这并不是现在多元化农业的新方式，但这个做法确实需要广泛的社会参与。

三是我们为什么要开展乡村建设运动。新中国成立之初的土地革命政策奠定了国家的政治基础，因此实际上半个世纪以来中国一直坚持着土地革命形成的小农经济。土地革命前后农民土地完全私有，现在实际上也并不是完全公有。村社为基础的生产队所有制是一种成员权集合而成的私有制。因为公有制是指人人可以占有，而我们的村社产权对任何外部主体都是排他的。所以村社所有权是以地缘边界形成的一种私有产权，农户占有村社私有产权的大部分，就是现在所谓的“使用权”。

农村中形成农户之间的这个平均化占有基本权益的财产基础，是中国下层社会与 19 世纪欧洲无产阶级群体的不同之处。农村贫困在一般情况下都不会是无产者、无地者的绝对贫困，而是现金收入能力低、不够支付教育医疗等过高现金开支的相对贫困。所以中国不采用国际社会的贫困标准。

我们很多官方政策导向是让农民变成农民工，再变成城市工人阶级，这个政策导向确实有问题，因为没有哪一个小有产者愿意变成工人阶级。在正规意识形态里工人阶级好像“高大上”，但是农民小有产者并不愿意成为所谓的“高大上”，而是希望保持小资产阶级地位。房地产开发征他的地，把土地变成房子他愿意，这意味着从小土地所有者变成小房产所有者，还是小资。

在此小资被长期固化的基础上，经过40年改革开放，中国的真实经验是什么？是中国形成了世界上最庞大的中产阶级，数量上是美国的3倍、欧洲的2倍。中产阶级是一个相对概念，世界上没有严格的定义。只是下层社会上层社会之间，有庞大的中产社会。

为什么我们现在开展的乡村建设运动，有成千上万的人参与其中，因为我们不激进，不和任何一方面发生冲突，希望大家永远保持微笑，其原因就在于，参与乡土社会复兴的志愿者们，大部分是社会中产阶级。当然包括农民中的能人，我们的工作在于如何让广大农民成为自主发展的主体，只有乡村中有大量这样主体地位的农民，社会才能稳定。

中国的“中、农、工、建”四大银行，全部是排在世界前十位的大银行。美国的银行服从于美国银行家们组成的美联储，我们的银行服从于国务院金融稳定委员会（于2017年7月14 ~ 15日，在北京召开的全国金融工作会议上宣布设立，旨在加强金融监管协调、补齐监管短板）。因此我们是典型的国家金融资本，美国是典型的私人金融资本，这两者之间是两套体制，两套运行方法。

现在那些教条化的改革家们，要求把中国这套金融体制改为美国为主的西方体制。但本质上这两个体制是完全不同的，改变信用来源的可能性很小，那是国家的政治体制。

总之，中国政治化的金融大资本是和国家政治权利体系直接结合的，这对于主权国家参与的全球金融化竞争具有稳定作用。尽管作为一个普通百姓、作为一个消费者，我对这些大资本的服务是经常批评的，但是作为比较了解国际社会演变的知识分子，我没有办法简单判断好坏对错，只是分析我们处在金融资本的恶性竞争之中的应对之道。恶性竞争通常是以恶制恶，形成的只是竞劣机制，这就不适合用价值观来判断。

四是政治化的大资本是如何发挥作用的。与西方的消耗性负债不同，中国 20 年来靠投资拉动形成这种负债是建设性的负债。

比如说 1998 年应对东亚金融风暴确定的西部大开发，战略性地增加 3.6 万亿的投资，其中三分之二是国债。如果没有国企承载国债的投资机制，就不可能有西部大开发，那 1998~1999 年就会出现灾难性的后果。因为遭遇严重的外需下降又没有内需，只能靠投资拉动。那时候如果没有高度政治化的大资本，谁会服从国家的政治命令，不计代价地往西部投资？无论国有还是私人资本往西部投，怎么可能盈利？

所以，西部开发演变成一个主要由国企承担的国家长期投资，这是以长期信用支撑的，短期内收不回来。但是，如果没有这种国家长期负债投资，西部就不可能形成发展条件，区域发展“再平衡”就绝对不可能实现。到 2008~2009 年我们第二次遭遇华尔街金融海啸造成的输入型经济危机时，整个东部地区一片下滑， 仅广东就 6 万家企业倒闭、2500 万打工者失业，没有谁能维持原有增长率，而恰恰是因为上一轮西部大开发的投资，导致西部全部进入红色增长区。

高增长发生在西部的原因在于用国家债务投资先垫底，形成了主要由国企承担的“沉没成本”，这也是后来的乡村振兴投资起步的原因。所以，研究中国的战略如何实现危机软着陆，很有意思。

2003 年西部崛起初见成效时，舆论说“中部塌陷”了，于是乎就在中部增加投资。所有这些大规模基本建设投资所带动的实体资产增长，扩张了吸纳中国人民币的基础。虽然人民币因外汇增加而大规模增发，本来应该造成通货膨胀或人民币大幅度贬值，为什么没有通胀也不贬值，是因为国内实体资产在增加，需要大量货币促进交换，因而中国是一个尚未完成货币化的国家。

据此看，在没有完成自己的资源性资产被自我货币化、变成可交易的实体资产之前，切勿轻言本币的对外开放。

我们现在乡村振兴内在促进生态资源价值的实现，接近于完成资源型资产的货币化了。

现在各地大规模推进乡村振兴，乡下的空气、水、山上的林木都在货币化交换，等中国完成自我货币化，人民币就可以对外开放了。那么地方产权交易市场可用于生态资产的资本化，同样可以吸纳大量货币。我们国家进入21世纪纳入金融全球化后仍然可以维持增长，是因为在自主资本化道路上仍然有空间。如果完全没有空间，就会导致金融扩张促进的增长停滞。

中国现在的战略调整，依然处于自主的资源性资产货币化期间，这个过程并没有结束，目前正处在自主地把资源性资产推进资本化的第二个阶段。我将此归纳为两个惊险一跃——资源变资产，资产变资本——这要靠中央政府依据国家政治信用向货币体系赋权，货币增发形成资本市场的不断扩张。

四、国家的大战略与乡村建设的大逻辑

无论海外还是国内，目前的主流都是比较激进的发展主义导向。这个过程对我们这种资源短缺、全球人口最多、最大的原住民国家而言，未必是一种合适的方式。

我以前在政策部门工作，对某些政策部门主导的发展主义趋势有一定的批判。十几年前就有中英文发表的“解构现代化”文章，后来提出批判政治经济学，并且试图身体力行地对中国这种激进的发展主义导向做出一点调整。在明知主流不可能自觉调整的情况下，我们不如从自己做起，所以我这些年一直在做乡村建设。

1. 中国乡建缘起及延续

乡村建设最初是从 1894 年中日甲午战争中国失败之后开始的，是一场有点社会改良性质的中间路线。当然，大多数人是在激进的对抗当中，很难体会什么叫“中间路线”。我们从世纪之交开始坚持做下来，已经做了很多年了，所以就有了和上一代人如何接续的问题。

21 世纪西方遭遇全面危机之后，部分人开始强调“在地化”和“社会企业”。而在中国，1894 年最先去做“在地化或地方化”和“社会企业”的人，是抱定“村落主义”兴办南通试验区的中国乡建第一人——张謇。

张謇用了 30 年时间在江苏南通搞城乡综合发展试验区，而张謇 1926 年去世后，接着这条路线继续向前走的是当时在四川搞民生公司、同时开办北碚试验区的卢作孚。张謇、卢作孚后来都被毛泽东说成是中国人民不应该忘记的企业家。在毛泽东肯定的四个企业家中，有两个是做乡建的，也就是说被肯定企业家中的一半是改良性质的社会企业家。

当然，还有一系列的知识分子参与乡建，包括海归的像陶行知、晏阳初，“土鳖”的像梁漱溟、黄炎培，等等。这种社会思潮和社会行动，客观上在百年的激进化过程中一直是存在的。

在激进的发展主义主导国家建设时，在社会改良路线几乎被遗忘时，总得有人把这一部分接着做下来，我们这类不信邪的人就拾遗补阙地“捡个漏”，也就是别人不干的我们去干，把百年乡村建设继续下去。同时，我们更进一步的想法是：如何在饱受社会诟病的教育体制内部做点事情。

我现在一直被主流教育界批评，甚至各种方面试图通过某些正规手段排斥“不正规”的乡建。当然，我觉得这也正常，因为涉及他们的利益。现在我们的做法，是利用旧的教育体制发育新的教育体制，利用旧的组织制度发育新的组织制度。因此，我在学校也做了一些事，有些事情未必合规。

比如，2004 年我被人才引进到中国人民大学担任刚刚组建的农业与农村发展学院院长，我提出的唯一条件就是建立“中国人民大学乡村建设中心”。学校有领导人说应该建立“乡村研究中心”，我回复说凭什么大学就不能和社会实践结合，大学之大，在有容，在有德，而不在于有几个学科。就这样，我在中国人民大学就有了一个校属二级机构，利用学校的资源发育乡土教育和社会的自组织，特别是农村社会经济组织的自主发展。

再如，当年晏阳初在重庆办“私立乡村建设学院”，梁漱溟办“勉仁书院”。这些 1930 ~ 1940 年的教育资源和组织体系，如今被西南大学重新请了进来。由此，2012 年我们配合当地志愿者，在西南大学建立了“西南大学中国乡村建设学院”，请校长当院长，我当执行院长。在比较保守的制式教育的体制内，恢复了一套相对比较灵活的教学科研体系。

当然这个工作并不容易。比如有人告状，说我不能在两个大学任职，人民大学就赋予我支援西部高校建设的名义。又如，福建省把我作为“百人计划”人才引进到福建农林大学，帮助他们提高人文社会科学水平，我去的条件是在那里建设“海峡乡村建设学院”，试图和台湾那边的乡村建设、社区营造等比较中性的人文社会发展力量结合，多多少少促进文化认同，给我们两岸的乡土中国保留点骨血。

我把课题费中给我的费用提出来用于乡建骨干培养，把十几个长期从事乡建基层工作的志愿者培养成为博士，有两位入职到这个乡建机构，让他们维护乡建工作的可持续。如此好事也有人不断告状……

现在乡建是三角支撑：北京有一个，西南有一个，东南有一个。当然还有其他高校也有一些自觉性比较强的知识分子和我们主动结合，这样就有一批高校有这样一种与“三农”结合的本土化知识生产活动。当然，目前还只是星星点点的，但毕竟在十几年里培养了数以千计的符合“一懂两爱”（懂农业、爱农村、爱农民）要求的青年才俊。

我们希望社会各界愿意反思，在不断遭遇到危机的打击之下，越来越多地考虑到我们还有其他的、更多样化的共生方式。我们还有其他的路径可以走，不一定是一条路走到黑。

2. 城市危机向乡村转移的中国特色

危机周期是个客观规律。只要进入一个资本化的过程，每增长一分资本，一定带来一分风险，就像 No Pains，No Gains（不劳则无获）这个道理是一样的。这个风险，如果资本自己承担了，就没有收益了，所以风险是一定要转嫁的。

但是，资本往往集中在城市，所以危机往往发生在城市。那么，往哪转嫁呢？对于像我们这种发展中国家来说，唯一可以转嫁的地方就是乡村。我出版过一本书叫《八次危机》，加上现在正在发生的，已经增加到了第十次危机。我们看这十次危机的过程，基本上都是在城市集中的资本不承担风险，危机代价向乡土社会转嫁的客观过程。

把这个客观过程总结出来，就发现什么叫作城市资本危机“软着陆”：其实就是成功地向边缘群体、向社会下层，或者是向二元结构体制条件下的乡土社会转嫁了危机的代价，也就“软着陆”了。那些不能成功转嫁的，就“硬着陆”了，代价砸在了城里，引起一片小知识分子的不满，或者是一片下层社会的不满，于是就造成相当复杂的社会反应。

我们可以回顾国际社会每一次发生战略性矛盾或者冲突时的实际经验过程。比如 1999 年欧元发行，正式成为世界主流货币时发生的战略冲突，各方的实际反应，也包括中方的实际反应。那次欧洲战争期间出现过一些事件，比如中国驻南斯拉夫使馆被炸事件，南海撞机事件，等等，可以看各国当时的实际做法。

其实在小布什政府时代，中国就已经被列为五个所谓“邪恶国家”之一。

其后不再列为美国主要敌人的原因，恰恰不是因为我们有准备，而是因为世界已经处在恶性竞争之中，所以才有转机。主要是有“9·11”事件爆发，宗教极端势力及其暴恐活动成了美国的主要敌人。并不是我们准备好了应对，而是有其他的矛盾暂时掩盖，或者是替代了中美之间的这个对抗性矛盾。

在这之后，一系列的国际重大事件发生，都并非在我们准备应对的战略思考之内。当然这不是说国内没有部门做研究，或者没有理论准备。但是总的来说，过去20年来的这些经验，既可以作为经验也可以作为教训。所以应先看客观上发生了什么，再看各方怎么应对。这样就可以从自己家找到答案了。作为教师，我应该是启发大家思考，而不应该直接给结论。

经验表明，乡村振兴增加投资仍是“沉没成本”，作用在于化解中国面对的第十次危机。那么中国下一次危机，乡村也是这个风险的对冲。

我们之所以多年来一直坚持开展乡村建设，其实是考虑到当代史上六十多年的每一次危机爆发，都不是事先有准备的，都是爆发后不得不采取应对政策。而那些应对政策，客观上又是维护集聚在城市的资本利益。因为其代表着国家追求工业化的主流，体现的也是所谓的“发展硬道理”。而乡土社会是传统部门，二元结构体制下就变成了一个承载城市资本危机的载体。由于看到这个客观过程，我们才去加强乡土社会的自立能力，自保能力，自主维持住的可持续生存的能力。也因此，我们并不认为主流对所有过去的战略性冲突有完好的准备体系。

我认为，即使过去曾经做的准备，事实上恐怕也都被批判了；另一方面，即使按照过去那种做准备的方式，也未必能够应对全球化的恶性竞争。当人类在发展主义大潮之中，主流都是这种片面表达时，我们不得不做一点力所能及的事情，并且主要是从我做起，从身边的小事，从身边的人做起，而不是想象着我们会怎样改变那些本来就身不由己的主流。

我特别强调中国万年文明是农业文明，如果我们为应对外部的“他毁”

而激起的“自毁”——这不是我说的，是梁漱溟先生早在上世纪二三十年代作为乡村建设体系重要一支时就指出了的，其自毁程度远胜于他毁。所以他一辈子都投身于乡土社会复兴和乡土社会改良的工作之中。

有些人将当代乡村建设和民国时期乡建作比较。我认为，二者在政治空间、学术工具和行动方法方面，差别很大。

首先，最大的差别就是双方所面临的社会财产基础有根本的不同。当时还是地主制，那个年代中国也没有进入工业化，乡土社会文化传承等方面，有很多经验还是可以借鉴的。第二个差别是，那时尽管也是发展主义占主导，但没有现在这么激进，这么大的破坏性。当然，这不是很积极的说法。但我们客观来看，那时的空间相对比较宽一点，自主性稍微强一些。

但是，民国乡建的不利因素呢？在于当时的乡村社会没有被阶级斗争彻底清洗一次。传统乡村社会不是按照知识分子想象的上层建筑来安排的。所以他们也遭遇了相当多想象和现实之间的冲突。

比如，晏阳初先生在被国民政府，特别是地方政府请去做乡村改造时，他深切地感受到“政治力”的不足和“武力”的不足。他在多个地方的试验点，最终很难说是有成效的。梁漱溟先生在山东的试验也是一样的问题。所以，梁漱溟先生最后总结说，我们做农民运动，但是农民不动。“农民运动，农民不动”变成梁漱溟先生急于要开办各种各样的培训、办学校的原因，于是转向教育，这是他的一个尴尬。

乡村群众是不可能靠他们的努力来根本改变的。而直到整个社会被阶级斗争的政治运动洗礼过一次之后，才有今天这样新的社会基础，这是梁漱溟先生也指出过的、完全不同的经济基础和社会基础。

中国身处其中的地缘政治演化，可以说是前所未有的重要。但更重要的还是国内建设。

例如 2008 年华尔街发生金融海啸，2009 年中国必须面对金融危机造成外需下降的直接影响。因为有 6 万家公司倒闭，2500 万打工者失业。这样的冲击对任何一个国家都是严重的挑战，无论这个国家采用的是何种政体、制度或意识形态，这个国家的体制都可能会被危机瓦解掉，甚至令国家解体。

但在 2009 年当中国面临这么大挑战时，究竟是如何应对的呢？

尽管这场危机的始作俑者在西方，但西方都忽略了中国的应对方式。中国强化自身基础是应对全球危机的唯一有效方式，主要是通过大规模投资国内农村基本建设。因为从 2005 年起，中国就启动了新农村建设，到 2009 年全球危机爆发时，中国已经实施了四年的新农村建设，有超过 90% 的乡村已经有道路、水电、电话等基础设施支持。

当全球危机导致的海外需求大幅度下滑之际，中国此时转向内需替代了外需。通过“家电下乡”优惠政策，把 13% 出口补贴转变为给农民补贴——只要消费者登记为农村户口，就可以享有 13% 的折扣，而此前这 13% 的折扣是给出口企业退税的。换句话说，政府对外的优惠转向了对内，转向了农村人口。

但正因为这个时期已经有对乡村地区大规模基建，农村人口才能购买那些不能出口的工业产品。很快，中国经济就再次实现了快速增长。同期，那些从城市地区下岗的劳动力和失业者，返乡后很快就可以找到新的机会。这也是乡村基础建设带来的好处。

这就是我的观点：要练好内功，才能应对危机。因为中国是一个陆地大国，一个原住民大国。

十人谈◎张孝德

国家行政学院生态文明研究中心主任

作者简介

张孝德，中共中央党校（国家行政学院）生态文明研究中心主任、教授，博士生导师，兼任国家气候变化专家委员会委员、中国炎黄文化研究会文明传承促进会副理事长、中国乡村文明研究中心主任等职。他是国内最早研究生态文明和乡村文明的学者之一，跟踪研究生态文明与生态经济二十余年。已出版专著：《文明的轮回——生态文明新时代与中国文明复兴》《生态文明立国论——唤醒中国走向生态文明主体意识》《知识人与知识中国》《模式经济学新探》《经济学范式革命与中国模式解读》。在国家级和省级报刊发表生态文明、经济学论文200余篇。主持完成中央部委和地方政府委托的课题20余项。2018年3月25日受中央电视台一套《开讲啦》栏目组邀请，宣讲《新时代，我们该如何读懂乡村？》。

【摘要】

十九大提出乡村振兴战略，是习近平总书记新时代治国方略的重要内容。乡村振兴不仅仅是乡村的事，而是关系中华民族命运与未来发展走向的大战略。乡村有乾坤，事关天下事，“乡村兴则中国兴，乡村衰则中国衰”是中华文明演化一直遵循的规律。乡村作为中国最大的国情，不仅决定近代以来中国独特的现代化之路，同时也决定着中国未来发展之路。21 世纪是中华民族伟大复兴的世纪，也是生态文明导航中国与世界未来发展的新世纪。在十八大提出中国迈向生态文明新时代的背景下，我们则发现“乡村兴则中国兴，乡村衰则中国衰”的规律，正表现为“乡村遇工业文明衰，逢生态文明兴”新规律。在工业文明时代，乡村无法成为工业化有效载体，面临被城市替代的危机；但在生态文明新时代，乡村将是生态文明建设低成本推进与具有独特优势的落地载体。如果说起源于 15 世纪西方的工业文明是从地中海的城市文明复兴开始，那么迈向 21 世纪生态文明新时代的中国，将从乡村文明复兴开始。

乡村遇工业文明衰，逢生态文明兴

十九大提出乡村振兴战略，不仅仅是乡村本身发展的战略，也是关系到中国未来发展方向、发展之路的重大战略。乡村兴则中国兴，这是中华文明演化过程中一直遵循的铁律。乡村是中国最大的国情，不能读懂乡村，就不能认识从毛泽东到邓小平时代中国独特的发展之路，也不能读懂十八大以来习近平总书记的治理方略。

一、乡村是中华文明之根，是中国特色现代化之基

中国乡村文明是世界上历史最悠久、发展最成熟的乡村文明。中国乡村是中华民族的功臣。如果说没有中国共产党就没有新中国，那么我们必须说，

没有中国乡村就没有中华五千年文明。乡村是中国最基本的国情，不认识中国乡村，就无法认识中国。中国乡村对中国的巨大贡献，过去是这样，近代也是这样，未来更是如此。我们必须以感恩之心来认识我们的乡村、尊重我们的乡村、保护我们的乡村。

1. 乡村是中华文明基因的携带者，是中华文化的根系

当我们以城市化、工业化是世界发展潮流的视角来看待中国城镇化时，我们必须导入另一个视角，即中国五千年文明史演化的视角。唯有如此，才能找到属于中国特色的城镇化定位的时代坐标。

从工业化、城市化潮流看，确实存在一个“无懈可击”的逻辑，这就是中国乡村将在城市化、工业化过程中走向被解构与终结的命运。当我们按照整个所谓的“时代潮流逻辑”来设计与推进中国城镇化时，不能忘记，还有另一个有着古老文明的乡村，也需要我们去关注，这就是当代中国的乡村文明。在一个有着五千年乡村文明历史的国度中进行城镇化，这是现代城市化逻辑必须考虑的一个重要问题。

中国是世界农业的起源中心之一。“多元交汇，精耕细作”是中国古代农业的特点。它的强大生命力，正是中华文化得以持续发展的最深厚的根基。

中华文明的独特模式，决定了中国乡村是世界上自主性和主体性最强的乡村。在西方文明体系中，乡村是依附于城市的，而中国乡村则具有很强的独立性。在世界文明史上，从来没有哪一个国家像中国这样，一次又一次成功的农民起义成为推动改朝换代的力量。这种力量在西方文明演化中基本不存在，但在中国已经存在了几千年。

相反，古希腊、古罗马文明的鼎盛、衰微与消亡，总是与城市兴衰紧密联系在一起。从西罗马帝国灭亡至文艺复兴时期，被西方史学家称为欧洲的中世纪。这个中世纪恰恰是西方进入农耕经济与乡村发展时期，是西方向东方学习农耕文明的时期，而这个时期恰恰又被西方史学家称为欧洲黑暗的中世纪。

今天，我们必须以全新视角，重新审视人类文明的演化。西方与东方，从一开始就是从不同的历史起点开始，沿着不同的文明之路向前进行着。西方城镇化是否为乡村发展留下空间，对于西方文明传承不是一个非常重要的事，因为城市化的过程恰恰是西方文明走向世界的过程。中国的城镇化则不能像西方那样，必须给承载着中华文明的乡村以足够的发展空间和位置。

从这个意义上讲，习近平总书记提出“记得住乡愁”的中国城市化，需要我们以新的财富观和新的价值观来解读，需要我们在中华五千年文明与世界城市化时空中，探索中国特色的城镇化之路。

2. 乡村是中国人的精神家园

在物质主义流行的今天，如果单纯从物质财富、GDP 财富看，乡村除了能够为工业化社会提供城市不能生产的粮食外，其他的价值似乎都可以忽略不计。但是从文化财富和精神的价值看，让我们记得住乡愁的乡村，恰恰负载着城市无法找到的、金钱无法购买的、物质无法替代的精神与文化。

中国不仅是世界上的人口大国，也是世界文化资源最丰富的国家。而中华民族伟大复兴的核心和灵魂，则是中华民族文化的复兴。中国五千年文化的根在哪里？多样化的文化是在乡村，还是在城市？对此，我们必须清楚地认识到，城市可以使我们享受工业化带来的的物质文明，但乡村才是中华民族的精神家园。尽管城市可以为我们提供丰富多元的物质财富，甚至是来自西方的多元化文化，但中国乡村蕴育了一代代中国人骨子里的自强基因。

今天，使我们自信的不仅是经济总量排名世界第二，更拥有世界上独一无二的多样化且历史悠久的乡村文化。如果按照西方工业标准化、分工化等生产方式来说，已经建设的中国现代城市是大同小异、千篇一律，那么中国数千年来的乡村却仍在顺应自然、天人合一的理念下，建造出了世界上最丰富多样的乡村文化。

从各地地理资源与生态环境的差异性来看，中国丘陵地带的乡村是诗意乡村，山地是桃源乡村，平原是田园乡村，青藏高原是天堂乡村；从历史发展角度来看，则有神话乡村、远古乡村、历史名人的乡村；而从乡村的功能角度看，还有茶乡、花乡、陶瓷之乡、刺绣之乡、武术之乡、耕读之乡，等等，可谓数不胜数。

回看中华民族的历史，会发现乡村一直都是中国人的文明生发之地。几千年乃至近万年的中华农耕文明，不仅创造了中华文明灿烂辉煌的发展史，更是每一个中国人内心深处最无法割舍的精神家园。

二、城市与乡村价值平等，没有高下之分

十九大报告关于乡村振兴战略的阐述中，对于城乡关系的描述，使用城乡融合这个新概念。从城市统筹到城乡融合，不仅仅是用词上的差别，而是对待城乡关系认识的重大的调整。

原来的城乡统筹的背后，隐含一个城市高于农村的逻辑。而十九大提出的城乡融合，则是基于城市与乡村平等关系的融合。“融合”顾名思义就是“你中有我，我中有你”，要达到这个融合关系的前提是城市与乡村在某种功能上各有特色，以及地位上的平等关系。按照原来的城乡统筹思维，寄希望于把所有乡村的问题放在城市一端来解决；而城乡融合的关系，则是城市问题需要通过乡村来解决，乡村问题也需要通过城市来化解。在这样一种背景下，从学理上阐述城市乡村的关系，是深度解读十九大提出的城乡融合新战略的重要理论。

文明是人类社会在不同地区、不同时代，生产方式与生活方式、居住方

式和文化形态的总和。在属于人类文明的组织中，能够将其全部要素集合起来的，只有乡村和城市。虽然国家也集合着人类文明的全部信息，但国家不是人类文明演化的种子信息源，国家是乡村和城市所携带文明信息的显化形态，就像种子和大树的关系一样。一粒种子中也有大乾坤。而在人类文明演化的过程中，乡村与城市的关系，既是一体两面、对立统一，又相生相克。

1. 城市与乡村是人类文明的阴阳两极

近代以来，在西方城市文明占据主导地位的背景下形成的所有理论，都是为城市文明服务的。即使有关于乡村的理论，也是站在城市中心论前提下的乡村理论。乡村缺乏属于自己独立的解释理论。其实，乡村与城市所携带的信息是等量的，其关系与其功能则表现为正反相对、阴阳相合。两者不可分离、不可偏废。（见表一、表二）

表一　城市与乡村的关系

	生产方式	居住方式	社会特性	社会关系	治理方式	天人关系
城市	工商经济 交换经济	集中居住 高成本	生人社会 理性契约	自利竞争 开放冒险	宗族法治 殖民霸权	天人对立 科技主导
乡村	农耕经济 自足经济	分散居住 低成本	熟人社会 亲情互助	利他共生 封闭传承	内生宗法 内圣外王	尊天敬地 文化主导

表二　城市与乡村的功能

	经济功能	社会功能	演化特性	副作用	主导时代	文化功能
城市	发展平台	冒险创新	对立排斥 可持续弱	竞争创新 传承断裂	工业文明 西方主导	理性科技 实体物道
乡村	生存基础	稳定传承	多样包容 可持续强	保守封闭 动力锁闭	农业文明 东方主导	宗教文化 关系天道

中国在工业文明主导的近几百年间，逐渐形成了一整套根源于城市文明系统的概念。以这些概念为标准，形成了一整套现代化的理论标准。如来自城市的开放、自利、竞争、创新、自由、理性等概念都被认为是进步的理念；相反，与此相对的封闭、利他、共生、传承、保守等概念被认为是落后的理念。

如果我们滞留在这种工业文明主导的思维空间中审视这些理念，毋庸置疑，这些都是对的。但是，在 21 世纪的今天，当我们站在时代的高度，重新审视我们的乡村与城市时，则会有新的问题被发现。中国太极理论告诉我们，一阴一阳则为道。其讲的就是宇宙中不存在绝对孤阴、孤阳的事物，宇宙在阴阳互动之中相生相克。

自足封闭的乡村不一定就落后，恰恰是自足封闭的中国乡村形成了城市所没有的物质财富的自养体系，而这也使乡村获得了城市所没有的持续的、安全的发展特性。中华民族之所以能成为世界上最长寿的文明，其秘密就在于，中华民族的乡村能提供稳定安全的自养系统。

高度分散的乡村自足、自养体系，使中华文明获得一种长治久安的稳定的物质给养保证，同时也使中华民族的文明种子在高度分散的大空间中，获得了规避风险的作用。而城市则恰恰相反，尽管各种要素高度集中在城市系统，使城市获得了乡村所不具备的要素集聚效应。但是，这也造成城市不能持续发展，成为规避风险不足的地方。如两千多年前，快速崛起的古希腊、古罗马城邦，曾经极度繁荣，却又像流星刹那飞过天际，成了一种短命的文明形态。

乡村，其所形成的封闭熟人社会，以宗法、村规民约为根本的自治模式，与在一个由生人社会，基于个人权利保护的城市民主法治模式相比，就一定是落后的治理模式吗？不一定。基于内生约束机制的乡村自治管理模式，恰恰是中国古代社会成为一个管理成本最低、管理难度小的国家治理模式。而基于外部约束的法治社会，则是一个高成本管理的社会。这并不是说，古代中国的乡村宗法自治管理，就一定比西方的以城市为中心的生人社会法治民主管理优越。其实，这两种管理模式是适于两种不同的社会关系而形成，各有自己独特的适应性和功能性。

对于这两种不同治理模式，我们不能简单拿来生搬硬套。如从 20 世纪 80 年代末，我们把本来属于城市生人社会的民主选举制度，不加改造地输入到熟人社会的中国广大乡村，在二十多年后的今天，这套基于城市的治理模式仍然不能在乡村落地生根，甚至还使得乡村治理更加乱象丛生。

因此，我们不应完全站在城市的一端来贬低乡村、改造乡村，也不能将城市与乡村看作是主从关系，区分谁高谁低、谁贵谁贱。在生态文明、乡村振兴的新时代背景下，我主张一种“城乡价值平等”的新文明观。

2. 东方与西方是人类文明模式的两极

乡村与城市作为人类文明的两颗种子，生发出了两种不同的文明模式：东方文明与西方文明。近代以来，对于东西方文明和文化差异的研究，是国际学者持续关注的热点。从显性形态看，我们可以发现一系列中西方文明的差异性：

在生产方式上，中国是一个农本经济国家，西方从古希腊开始就是一个工商业经济为主导的国家。

在社会治理上，西方主张民主法治，中国则是宗法德治。

在社会伦理上，西方是崇尚个人自由、自利竞争，倡导诚信、正义与公平；而中国则是崇尚集体互助，利他共生，倡导孝悌、仁爱与忠信。

在思维方式上，西方善于深入微观的实体分析、定量分析和理性分析；东方则是善于面向宏观的关系思维，进行系统综合的悟性思考。

如果我们把所有这些差异性从根源上进行探究，则可以发现，东西方文明复杂的差异性，根源在于构成这两种文明的逻辑起点不同。而这个逻辑起点，就是乡村与城市。尽管在东西方文明的体系中都有乡村与城市的存在，但是城市与乡村在东西方文明形成过程中，却扮演着迥然不同的角色。

中华民族是根源于乡村社会的文明，西方文明是根源于城市社会的文明。乡村是生发出中华民族五千年文明的种子，中华五千年文明则根源于农耕经济，而农耕经济的载体是乡村。中华文明属于世界上发展成熟度最高、最具有持续性的、以乡村社会为主导的文明模式。乡村不仅是农耕经济的载体，也是中华文化发育、储存与传承的载体，更是中华五千年文明长寿的秘密所在。

自秦始皇统一中国以来，在两千多年的朝代更替、外族侵扰中，虽然那个时候的城市遭受了一次又一次的毁灭，但中华文明的传承从未出现过中断。为什么？因为中华文明的种子在乡村，只要乡村没有遭遇彻底破坏，中华文明就会在乡村传承延续下去。

复兴与弘扬中国传统文化，已经成为当下中国实现中华民族伟大复兴的重要战略内涵。但是，有一个问题必须澄清，使当今中国人感到自豪的绵延五千年的华夏文明，不能简单地等同于国学，也不能简单地等同于孔子和老子。从文化发展的角度看，中华五千年的传统文化是依托古代高度发达且成熟的农业经济才形成的，而农耕经济重要的核心的载体是乡村。

作为中华文化经典的《诗经》《易经》《道德经》，不要简单地归结为古圣贤的天才之作，应将这些经典视为中华文明这棵大树上绽放的花朵。而为这棵文明大树提供营养的，是这棵大树的根。这“根”扎在了哪里？它扎在广大的中国乡村。

《诗经》是中国古代乡村农耕祭祀、乡村农耕生活、乡村民风的诗意表达。《易经》有云“观乎天文，以查时变”，是古人仰观天象，俯察地理，观人和的成果。为什么中国古圣贤要观天象、察地法、观人和？因为古代农业生产耕作最基本三大要素是“天、地、人”。所以构成《易经》逻辑起点的三爻，就是取“天、地、人”之意。老子《道德经》所讲的“道”，讲的也是天与地的演化之道，并希望人们做人做事、齐家治国、修身养性都要遵循天地之道。

在中国古代社会，也有发达的城市，但中国古代城市与西方城市的功能是不同的。就像男人身体中也有雌激素一样，不发挥显性的作用。中国古代城市也具有政治中心、文化中心和工商业经济中心的功能，但中国的古代城市所有的这些功能，不是内生于城市本身，而是内生于与城市联系的广大乡村。

决定中国古代经济命脉的农业经济和手工业经济，一直都在乡村。城市的工商业经济，与广大乡村有着千丝万缕的联系。许多商家在城市经商做买卖，家大多在乡下，在各自的家乡。他们在城市赚取财富，而这些财富最终会回流到乡村去。另外，古代中国为朝廷提供官员的科举制度的教育场所，绝大多数都在乡村。对于在朝廷为官的广大官员，各朝各代实行的是“告老还乡”制度。

总之，中国古代的乡村与城市的关系，如同一棵大树的树冠与树根的关系一样。乡村是这棵大树的根，是这棵大树的生命所在。即使这棵大树树冠被摧毁了，只要根还在，这棵大树仍然会重新生长、生生不息。

相反，从城市这颗种子中发育出来的古希腊、古罗马文明，与古代东方文明模式则完全不同。西方古代的城市不仅仅是政治、经济、文化的集聚中心，同时也是政治、经济、文化的载体。在中国的古代城市只是乡村经济、政治与文化的表达载体，而在西方的古代城市本身就是这些因素的根系所在。

古代最早诞生于爱琴海地区的城市，并不是当时乡村社会发展到一定程度的必然结果，而是由于外来民族对当地原住民征服之后，集中定居而形成了城邦。统治者出于自我保护和对被征服乡村统治的需要，从而建立的城市。由此可见，古代西方的城市与乡村，是一种征服与被征服的关系，一种具有不同等级之间奴役与被奴役的关系。

在古代的西方，住在城市中的征服者，为了获取足够的生活必需品，通常要做两件事：一是使被征服的居民变为奴隶，通过对他们的奴役，掠夺获取生活必需品；二是在集中定居的地方发展手工业，从事商品交换来弥补生活必需品之不足。这样一来，作为西方文明起点的城市便具有了这样一些特点：一是城市与农村是对立的；二是城市作为商品生产和交换中心，作为征服民族对全国政治、经济的统治中心，城市便成为外来民族携带的游牧文化显性与张扬的最佳场所。

由于城市与乡村，在东西方文明孕育与发展中扮演了不同角色，就自然而然地形成了东西方不同的文明模式，同时也导致了东西方不同的文明演化之路。中国古代五千年的文明，与乡村的兴衰紧密联系在一起；西方文明的兴衰，则总是同城市联系在一起。

当我们纵观人类文明史以来的历史，我们会发现，乡村和城市作为人类文明的两极，在不同文明时代，都曾经成为引领人类文明的主导模式；在不同文明时代，都为人类文明发展做出了应有的贡献。

三、近代以来中国一直走在另类现代化道路上

正是由于东方文明不同于西方文明的发展模式，才决定了中国在追赶西方工业文明时始终面临着一个需要不断破解的悖论难题。这个难题就是如果按照西方式的道路追赶西方工业文明，我们面临的代价和风险，将是中华五千年的乡村文明面临着传承断根的风险。如果不追赶西方的现代化，中华民族也面临着挨打亡国的危机。既要追赶西方工业文明，又不能以中断中华文明连续传承为代价，成为近代以来，我们追赶西方现代化的一个必须破解的难题。在破解这个难题的过程中，我们需要开辟另类现代化之路。

1. 从农村包围城市中，寻找中国另类现代化道路

近代以来，中国一直走在追赶西方现代化、工业化的道路上，一直走在属于自己的另类现代化的道路上。近百年来的历史与实践一次又一次地证明，

中国只有走属于自己的另类发展之路，才能取得成功。这个另类发展之路，用通俗的语言讲，就是中国特色之路。

如孙中山领导资产阶级革命，希望模仿西方的革命道路来解决中华民族的独立问题。历史证明这条道路是走不通的，历史最终选择了中国共产党领导的新民主主义革命的另类道路。即使是中国共产党领导新民主主义革命道路，也必须走中国特色之路。如在新民主主义革命初期，由于简单地学习苏联的做法，希望模仿苏联城市革命的道路，解决中国自己的问题，结果导致我们付出了很大代价。最后是毛泽东领导的农村包围城市的另类革命道路，才使中国完成了历史赋予他们那一代人的使命。

农村包围城市的革命成功事实说明，在中国追赶西方现代化的过程中，乡村才是中国的最大国情。同时也说明，中国的乡村中蕴含着中国走向现代化的内在动力。中国若想实现现代化，不能离开乡村这个母体，更不能抛弃乡村。

然而，近代以来，引领世界现代化的西方工业文明之路，恰恰是城市引领的工业化之路。从理论逻辑看，“乡村兴则中国兴”这个规律只能适用于农耕文明时代的发展需要，要追赶西方工业文明，就必须从城市中寻找走向现代化的动力和道路。但中华民族独特的文明模式与历史，却强制性地要求中国必须从乡村这个文明细胞中，找到通向现代化的具有中国特色的文明之路。这是一个现代化常规理论无法解读的悖论难题。

在新民主主义革命时期，我们成功地走出了一条从农村包围城市的革命道路。但 1949 年新中国成立之后，我们在急于追赶西方工业化中，又自觉不自觉地忘记了中国乡村决定中国另类文明之路的规律。为此，我们再次付出了巨大代价。

为了急切地追赶西方的工业化，我们开始把尽可能多的资源向城市集中。在计划经济时期，我们忘记了乡村和农民的重要性，通过农产品的剪刀差，使农村资源流向了城市，而由户籍制度造成的城乡分割，几乎使中国经济发展陷入崩溃的困境。

20 世纪 80 年代以来，邓小平同志领导的中国改革开放，就是再次回到新民主主义革命时期毛泽东思想上来，再度从农村看中国，再度从中国的农村中找到了启动中国改革的原动力。

通过家庭联产承包责任制的改革，中国农民成了改革的最大受惠者。20 世纪 80 ~ 90 年代，首先进入中国市场的是中国农民创造的乡镇企业，而不是国有企业。乡镇企业发展鼎盛时期，创造的 GDP 总值曾占到了整个中国 GDP 的二分之一还要多。正是 20 世纪 80 ~ 90 年代，中国农村改革获得的巨大成功，农民与农村问题的解决，不仅为中国经济社会发展奠定了经济与社会基础，而且也为城市改革提供了经验 。

2. 用城市化思维解决乡村问题，是无解的思维

进入 21 世纪以来，随着城市发展，我们的思维又悄悄地发生了变化。随着城市对经济增长的贡献越来越大，我们对城市化建设的希望亦水涨船高、不断升级。2012 年中国科学院《2012 中国新型城市化报告》调查显示，中国城市人口首次超过农村人口，城市化率达到了 51.3%。这是一个具有历史性意义的数据，因为这标志着当代中国从一个绵延了五千年的农耕经济主导的乡村社会，向工业经济主导的城市社会转型出现了拐点性变化。

这个具有历史性意义的拐点转变，使得我们百年追赶西方现代化的梦想与期盼，受到巨大鼓舞。在这样一种背景下，大力推进城市化，最终实现追赶西方现代化的梦想，成为 2012 年之后中国经济社会发展的主导战略。

事实上，中国目前面临的问题，不是我们需要不需要推进城市化，而是我们需要在什么样的道路上推进中国的城市化建设。从目前主流理论对中国城市化前景的描述中，我们看到的是一条以西方城市化为参照系的、城市替代乡村的城市化。

在这样一种中国城市化发展的设计中，未来的中国乡村将不再是乡村，而是使乡村成为类似城市的社区；农民也不再是农民，而是成为服务农业的农业工人；农业也不再是传统智慧农业，而是现代化、企业化、工业化式的农业。有些学者和地方领导，甚至把这样的城市化看成是我们中国梦的道路与方向、目标与路径。

如果这就是中国梦，那么我只能说这是一个无根的中国梦。因为这是以中华五千年乡村文明消亡为代价的中国梦，是一种以中华文明传承中断为代价的中国梦。我们不能忘记，中华五千年文明的根不是在城市，而是在乡村。以乡村社会为根的中华文明，决定了乡村不仅携带了中华民族文明演化的基因，也携带着中华民族的兴衰密码。

乡村兴则中国兴，乡村衰则中国衰。水能载舟，亦能覆舟，这只“舟”是什么？就是中国的农民和乡村。农民和乡村不仅是中国古代文明演化不能突破的底线，也是中国历史上各朝各代周期性更替过程中，不断修复这个底线的过程。

中国农村问题，并不是重视与不重视的问题，而是以什么样的视角认识农村解决农村的问题。

在计划经济与“大跃进”时期，毛泽东等老一辈的革命家并没有忘记农民，他们对农民仍然高度关心。但是为什么还是出了问题？关键还是认知思路出了问题。1949 年，中国共产党进入城市以后，就开始不自觉地站在了城市的角度来看乡村。其实进入 21 世纪后，对于中国乡村出现的“三农”问题，也得到了中央的高度重视。我们也试图通过搞社会主义新农村建设、加大对农村的投入来解决中国乡村的发展问题。

但是，为什么到头来乡村问题仍然没有解决好呢？问题同样出现在“用城市的思维来看待中国乡村的发展”，寄希望把中国乡村问题放在城市化的一端来化解。我们站在城市建设的发展经验上搞社会主义新农村建设，结果却把中国乡村建设得像城市一样。我们站在服务于城市化建设的角度搞农业现代化，最终却忘记了农业的第一使命是什么。乡村是农民的天然保险，是国家政治安全、粮食安全的底线。我们站在城市一端，以管理城市的思维设计乡村治理制度，终将使得输入乡村的治理制度无法落地，同时也会使乡村治理长期处于乱象之中。

以这样一种思路搞社会主义新农村建设，又如何使农民找到自信。这只能导致中国乡村建设不接地气，缺乏内生动力。而这才是新时代落实乡村振兴战略过程中，乡村如何振兴的根源问题所在。

四、新时代，再度倒逼中国走自己的文明之路

如果说五百年前开启人类文明的新时代，是从地中海城市文明复兴开始的；那么五百年后的今天，中国乡村文明的复兴，将开启人类从工业文明走向生态文明的下一个崭新时代。

作为世界巨大体量的文明大国，中国的兴衰周期是与世界文明的兴衰周期联系在一起的。近代以来，中华古老文明走向衰退，是与东方文明时代结束同步的。如今的中国，实现中华民族伟大复兴的过程，也将会从工业文明转型为生态文明。

中华文明，不同于西方文化基因的文明。中华民族的崛起，一定是让自身携带的文化基因显化的崛起。当今的世界发展，越来越想听到中国的声音，越来越想看到中国的解决方案。其实，世界需要中国贡献给人类文明的，绝不是一个重复西方城市化的文明，或者是一个赶超美国成为世界经济总量第一的文明，而是要中国担当起矫正世界文明航向，开辟世界文明发展新航线的使命。同时，不仅世界文明发展的大势，需要中国担当开辟新文明发展的

使命；处在历史抉择路口的中国，其内在动力也倒逼中国，必须走出一条不同于西方的新文明创新之路。

1. 低成本追赶西方时代的结束，倒逼中国必须走自己的路

我们必须对中国长期以来，以追赶西方现代化为目标的改革开放，有一个基本判断：经过近四十年的改革开放，在以牺牲生态环境、破坏自然资源、依靠人口红利进行工业化、城市化建设的低成本追赶西方现代化的中国发展时代已基本结束。而其结束的历史拐点，就是2008年世界金融危机。

2008年席卷全球的那场世界金融危机之后，西方发达国家已经调整他们对外开放的战略。21世纪以来，西方发达国家进行的大规模产业转移，导致了本国的产业空心化问题，倒逼以美国为首的西方发达国家开始走再工业化之路。特别是在中国成为世界第二经济体大国的背景下，使得以美国为首的西方发达国家，也开始调整他们对华的战略。

到目前为止，我们能够引进的基本都已引进，我们希望引进的高端技术，在无法引进的新国际环境背景下，中国正面临着重大战略方向的调整与抉择。

在思维惯性的作用下，如果依然继续采取老的思路与办法，不顾时代形势的变化，仍继续滞留在追赶西方的现代化之道路上，我们将会付出更大代价。一是付出物质代价。继续追赶下去，那将是一个高成本、高风险的开放之路，而且还会延缓我们走内生发展道路的转型。二是付出精神代价。几十年来，在精神层面上，对西方物质技术的学习和引入，正在嬗变为对西方文明和文化的崇拜。这种不加选择的崇洋媚外、去中国化之风，已成为侵蚀中华民族主体性、自信心的精神毒品。

在这样一种历史背景下，未来无论是从物质层面还是从精神层面，从经济上还是外交上，我们都必须调整自己的对外开放战略——从追赶西方现代化的战略，向培育独立自主、孵化内生增长动力，走中国人自己的现代化之路上来。

令人感到欣喜的是，这个划时代的转型已经启动。十八大之后，中央提出了找回中国人自信之根，提出了实现中华民族伟大复兴的中国梦。这是对中国在开放中付出精神代价的一次发展矫正。习近平总书记提出的丝绸之路经济带战略，正是中国由低成本开放走向自主开放的新探索。

2. 能源与环境危机，倒逼中国必须走一条新文明之路

十八大提出的生态文明建设，绝不是治理环境与环境问题的权宜之计，而是一条中华民族走向伟大复兴的另类现代化文明之路。当今世界所遭遇的能源与环境危机，同样把快速追赶西方现代化的中国推到了历史选择的十字路口。

继续走西方式工业文明之路，将是一条成本巨大、充满风险之路。也许有人讲，为什么这条路西方甚至东方的日本、韩国都能走得通，而中国却不行？这是由内外双重原因决定的。科学家指出，当中国达到美国现在的消费水平时，需要 5.6 个地球来供养。随着时间的推移，我们发现，工业文明模式是一种高耗能、高成本、高风险，属于少数国家才能享受到的文明。在我们踏上追赶西方工业文明的快车道后，人类已经消耗地球二分之一的资源，超出了地球的承载力，地球的能源和环境无法再承载近 14 亿人口大国继续走西方式工业化之路。

在这样一种背景下，十八大提出的生态文明发展之路，绝不是简单地等同于治理环境污染。中国所要走的生态文明之路，是基于东方智慧，在新的天人和谐自然观、利他共生价值观的指导下，探索一条不同于西方的低成本、低能耗、低风险、高福利的全新的文明发展道路。

中国所要走的生态文明之路，不是就环境治理环境，而是要探索一条具有中国特色的根源治理之路——这就是十八大提出的“五位一体”的生态文明建设之路。生态文明建设是涉及科技范式、经济模式、生活方式、社会方式、国家治理方式、哲学与思维等一系列变革的新文明模式的创新之路。

西方工业文明对于东方文明来说，是在城市化的一端走向死胡同的文明，那么具有中国特色的生态文明建设，就必须从中华民族五千年乡村文明的一端进行探索，寻找到一条能够医治现代工业文明危机的新思路与新范式。

3. 中华文明传承危机，倒逼中国走乡村文明复兴之路

让当代中国走向乡村文明复兴之路，在认识与实践上都是一件比较艰难的事。

因为近代以来，恰恰在我们古老的文明系统里，缺乏西方城市文明的基因，所以未能发育出现代工业文明，才使得我们陷入到了落后挨打的百余年发展困境。追赶西方的现代化、实现城市化，已成为近代以来几代中国人渴望实现的中国梦，并已深入人心，成为中国人的一种情结。

目前，国内理论界把圆中国梦与城市化联系在起来，甚至把中华民族的伟大复兴也与城市化联系在起来。特别是在中国城市化率超过 50% 的前提下，中国从几千年的乡村文明社会终于走向城市文明主导的社会背景下，离百年来追赶西方现代化的目标越来越近的情况下，快马加鞭地推进中国的城市化建设成为全社会的一种共识。但是，我们必须清楚，尽管中国需要西方的城市文明，但我们绝不能走一条将中国完全变成西方式城市文明的中国道路。这是从一个极端走向另一个极端的错误选择。

近代以来，中国因没有实现工业化，没有城市文明而落后挨打。如果未来的中国成为一个纯城市文明的中国，将会付出另一种代价——不是中华民族的复兴，而是西方文明在中国的复兴，一个没有中华五千年乡村文明的复兴。

这样的文明，既不是中国需要的，也不是世界文明需要的。在一个失衡世界的文明体系构成中，需要一个乡村文明与城市文明均衡的崭新中国。如

果继续沿着西方文明的发展模式走下去，蕴藏在中华民族系统里的乡村文明的自救力量就会发挥作用。它将会以强制的力量，让当下的中国在付出巨大代价后再度回归。

中华民族是一个以乡村为根的民族。无论我们如何追赶西方的现代化，乡村文明是中华民族不能动摇的根基。让乡村消亡的城市化，在西方可以，在中国却不行。城市可以使中国实现中华文明与世界文明的对接，但中国梦不能只是通过城市来实现。

令我们欣慰的是，在中华民族处在十字路口需要做出重大抉择的关键时期，中国共产党再次做出了重大的正确抉择，这就是十九大提出的乡村振兴战略。基于习近平总书记长期以来形成的乡村本位思想，推出乡村振兴战略，不仅仅是解决乡村自身发展问题的战略，更是事关中国未来发展的全局战略，是迈向新时代治国方略的大战略。十九大提出乡村振兴战略，再次将中国发展从单极城市化之路，调整到乡村与城市融合发展、共生发展的道路上来。

五、乡村逢生态文明兴，迈向新时代从乡村文明开始

在以城市为载体的工业文明带来的能源与环境危机的背景下，我们看到的是世界文明正在从工业化文明向生态文明转型的大格局：从西方主导的单级化文明，向世界多元文明共生转变；从资本主导的单一经济竞争的全球化，向多元文化共生的新全球化转变；从单一的城市化向城市与乡村共生的新现代化转变，成为当今世界发展新趋势。

1. 中华五千年乡村文明蕴藏着医治工业文明病之解药

现代的工业文明病表现之一，就是严重存在着缺乏精神制衡的物质主义和消费主义的泛滥病。在工业化文明系统中，缺乏精神与文化制衡的物质财

富无限制增长，不仅吞噬了大量的资源，造成资源环境危机，也吞噬了人类的精神能量，使人类文明在物质主义、病态消费主义、GDP 主义的单极化世界中越走越远。

医治工业文明病的解药，不仅在西方文明世界中找不到，在今天中国的城市中也找不到，因为中国城市染上的这种文明病，某种程度上比西方还要重。医治当代人类文明危机的解药，就在中国乡村文明中。在几千年的农耕经济中，中国先民发现，大自然虽然给人类提供的物质财富是有限的，但它提供给人类智慧的精神财富却是无限的。诗经与易经、道家和儒家等丰富多元的文化，都根源于中国先民“仰则观天文，俯则察地理”的自然智慧。在几千年历史中形成的古代乡村文明，本质上是“耕读”文明，即通过“耕”来满足物质需求，通过“读”来满足精神提升。正是这种在耕读中形成的物质与精神的均衡互动，才是中华文明成为长寿文明的秘密所在。诚然，我们不是简单地回到中国古代耕读社会，而是要将中国古代耕读的乡村文明携带的基因，为我们所用而延续下去。

由此可见，中华传统文化复兴的背后，必然是中国乡村文化的复兴。乡村文化是中华民族传统文化的源头和载体。目前，在中国乡村仍保留天人合一的尊天敬地文化，基于熟人社会的互助利他的亲情文化，家风教化与家规家训为一体的乡土文化。这些文化，既是生态文明建设需要汲取的营养，也是医治现代诸多城市文明病的解药。

2. 新能源优势在乡村，新能源自足体系将会在乡村首先出现

新能源革命，正在从根本上改变着中国乡村在工业化与城市化冲击下的边缘化地位。非均衡分布、集中开发、高运输成本的传统能源，使分散居住的农村处在分享工业化好处的边缘或被淘汰的地位。相反，具有高度分散性、相对均衡分布的太阳能、风能、地热能、生物能等新能源，越是人口分布密

度低的地方，人均可利用的新能源量越大。新能源这种特性使农村获得了城市不具备的新优势，而且农村使用新能源的优势在当代中国已经成为一种活生生的现实。

目前我国已成为世界上最大的太阳能热水器生产和消费的国家，而太阳能热水器 90% 以上的市场在中国农村。从 20 世纪 70 年代末至 80 年代初发展起来的中国农村沼气，也显示出良好的发展前景。

新能源在农村生活领域的使用，不仅从根本上改变着中国农村的生活方式，而且新能源经济在农村也具有极大的开发潜力。按照这个趋势发展下去，新能源将从根本上改变中国农村的命运。农村将会成为引领低碳经济与绿色消费的新生力量。

3. 基于东方智慧的生态农业革命，是中国对世界生态文明的新贡献

目前，粮食危机是人类最大危机，西方式的农业工业化模式，是不是造成当代人类粮食危机的深层根源呢？

目前全球性的粮食危机，其深层的根源就在于：把解决工业领域化合物的科学技术方式，简单地照搬到农业生产中，由于违背了自然界与生命的本质和规律，结果导致了自然界的生物被破坏和摧毁；而以农业为生存基础的人类，同样受到破坏和摧毁。由此，遭遇破坏的农业生产持续地造成人类许多灾难性后果。

中国五千年农牧业的发展，所使用的智慧和技术，恰恰是在遵循天道和人道的生命规律中形成的。以家庭为单位的小农经济的农耕生产方式，以互助为主的游牧生产方式，同样也是服从于生命物质财富增值的规律形成的。

一位美国专家曾发问，为什么中国古代农民耕种了五千年的土地，都没有耕坏，而现代工业化农业，只用了一百多年的时间，就不可持续了？其中的秘密，就是由于中国传统农业是符合天道与人道的科学的农业，而现代工业化农业是违背天道和人道的反科学农业。

乡村文明遇工业文明衰，逢生态文明兴。当今世界需要一次新的农业革命。中国农业革命，是要在中国传统农业发展模式与现代新能源、智能化技术结合中，探索生态、低碳、可持续发展的农业。如果说英国的工业革命，开启了工业文明的新时代，那么中国的农业革命，也将为世界生态文明的发展做出重大的贡献。

4. 基于自然资本的乡村绿色产业发展潜力巨大

2008 年金融危机之后，兴起的新能源革命与生态经济，以及目前的中国经济转型，为边缘化的中国乡村产业的发展提供了新的时代契机。

如果说现代信息技术和交通技术为乡村承载现代产业经济提供了可能性条件，那么在生态经济推动下回归自然的低碳消费、文化消费等，为中国乡村生态产业的发展提供了广阔的市场和动力。

从目前发展趋势看，有六类产业将会成为中国振兴乡村文明发展的新兴产业：

一是生态有机农业。高附加值的农业生态产品将成为未来生态农业产业发展的新方向。

二是乡村旅游业。目前绿色发展已经成为中国发展的核心战略，并进入“十三五”规划。在生态文明建设理念下，正在兴起绿色消费、低碳消费、文化消费的新趋势，使沉睡于乡村的绿色资源成为新财富之源。

2005 年，时任浙江省委书记的习近平在浙江安吉调研时，就富有远见地提出了“绿水青山就是金山银山”的“两山理论”。十年之后，习近平总书记提出的“两山理论”，在安吉县已经变成了一种“两山”绿色发展新模式。

生态文明时代的绿色经济是一种依托自然资本、文化资本的新经济。2014 年，安吉县的农民仅依靠青竹和白茶这两类绿色资源所形成的乡村产业，就使得该县农民人均收入达到21562元。安吉仅是中国乡村绿色发展的缩影。目前在全国各地快速兴起的农家乐经济，就是乡村独有的自然资源与乡土文化资源相结合的产物。我国广袤的农村聚集了全国大约70%的旅游资源。乡村的旅游将成为乡村经济发展的支柱产业，成为带动农村脱贫致富的一个亮点。

三是乡村手工业。在新需求的推动下，借助现代市场经济、乡村旅游业与文化产业发展的契机，中国的乡村手工业正在悄悄地复兴。

四是乡村农副产品生产与加工业。在新的发展形势下，男耕女织的农耕文明形式，需要再创新、再升级，这也是乡村振兴总要求中如何实现“产业兴旺”的重要内容。

五是乡村新能源产业。在中国农村发展沼气、太阳能、风力发电，利用新能源产业提高农民的生活品质。随着中国进入老龄化社会，乡村特有的低成本生活与浓厚的乡土人情，在乡村养老产业中的作用将会越来越凸显。

总之，目前正在兴起的旅游业、中医中药业、康体保健业、传统民间手工业等产业，都是以中华文化为资源的新兴产业。可以说，根源于中国乡村的传统文化价值，100年前是包袱，20世纪80年代是概念，90年代是古董，21世纪是稀缺资源，是财富之源，是竞争力之魂，是民族自信之根。

5. 乡村特有幸福生活模式恰恰是生态文明需要的低成本、高福利的新模式

从生态文明的消费观来看乡村生活时，我们发现其恰恰是一种符合生态文明要求的另一种幸福生活模式。而被GDP增长和资本增值所捆绑和刺激起来的高消费、高能耗、高成本的幸福生活，是一种加剧能源和环境危害的病态生活。

中国环保部披露数据显示，目前中国城市的人均能耗是农村的3倍。目前中国乡村虽然没有城市的收入高，但农民享有城市用货币无法购买或成本

很高的另一种福利，这就是人类幸福生活所需要的宁静心情、健康清洁的空气和原生态食物等。

从工业化、城市化发展要求看，农村的低消费不能使 GDP 明显增长；但从生态文明建设看，乡村低成本、低消费、低能耗的幸福生活模式，恰恰是需要倡导的新生活方式。

6. 未来将会出现新返乡运动

乡村是一个集政治与经济、历史与文化、社会与家庭为一体的文明体。乡村是认识中华文明与中华五千年历史的起点。

在未来一段时间内，推动中国逆城市化现象的动力和契机，是来自不断升温的“新回乡运动”，有五类人群将逐渐向乡村回流。

一是新告老还乡者。20 世纪 80 年代初毕业的大学生，未来 5 年均会进入退休年龄。他们中的大部分人来自农村，他们有回乡养老、回馈故乡的强烈愿望。如果有相应的政策推动，他们将会成为乡村发展的新乡贤，将会成为乡村文明复兴的中坚力量。

二是改革开放后到城市打工的 2.5 亿农民工。未来大约有 3570 万农民工，因到了退休年龄而出现在城市无法就业的现象。他们中有 2500 多万农民工，将会带着他们的收入，带着城市文化的生活经验，回乡养老或再创业。

三是新下乡知识青年。随着城市就业难和乡村发展机会的增加，出现了大学生回乡创业的新趋势。特别是“互联网 +”给乡村产业发展带来新机遇的背景下，乡村将会为知识青年提供大有作为的“希望田野”。

四是一批城市人将回到乡村养老或从事乡村产业的经营。随着中国逆城市化出现，未来 5 ~ 8 年，中国将会出现一个退休高峰，城市退休人员将达到 2 亿人。城市人回乡，将会给乡村带来新消费，带来乡村养老产业的发展。

五是 6000 万华侨同胞将会寻根回乡。随着祖国的强大，将会出现海外华侨回乡寻根的热潮。他们的寻根行为，将会给乡村发展带来新的机遇。

总之，面对转型时期出现的新变化，我们需要顺应时势，以二元协同、多元共生的思维方式，从城乡双向流动来认识中国特色的乡村振兴之路。我们需要把乡村发展的着力点，从关注乡村到城市单一通道的疏通，转向城市与乡村双向流动的通道上来。

中国的逆城市化发展之路，不是重复西方的城市郊区之路，中国有广大的乡村腹地，未来中国逆城市化将会带动中国乡村文明的复兴。中国未来城市化格局，将是城市、乡村与小城镇，协同共生、双向流动的发展之路。我们理想的城市化将是诗意乡村、温馨小镇与田园城市和谐共生的格局。

十人谈◎贺雪峰

武汉大学中国乡村治理研究中心主任

作者简介

贺雪峰，现为武汉大学社会学系系主任，武汉大学中国乡村治理研究中心主任，教授，博士生导师，教育部“长江学者”特聘教授，中信改革发展研究基金会资深研究员，湖北省深改组专家组成员。被多个部委聘为专家或顾问。主要从事乡村治理研究和乡村建设实践，长期坚持实地调研；学术研究上主张“田野的灵感、野性的思维、直白的文风”。在城乡治理、农业政策、乡村经济、土地制度、社会政策、乡村文化、社会理论、基层政治、城市化等研究领域出版了大量著述，发表论文100余篇，被《新华文摘》《中国社会科学文摘》《人大报刊复印资料》等转载，是“华中乡土派”的代表人物之一。

【摘要】

乡村建设的重点是文化建设。当前乡村问题的根本不在于经济方面，而是在文化方面。乡村的破产是文化的破产。当前乡村存在的主要问题不是农民收入太低，劳动强度太重，而是消费不合理，闲暇无意义，是社会关系的失衡，是基本价值的失准，是文化的失调。造成当前乡村文化弊病的原因很多，其中最为根本的方面，是传统的相对封闭的村庄社会向现代的相对开放的社会转变中出现了不适应。直接的方面，则是快速城市化导致乡村空心化，从而产生了各种相应的变化。在当前一个时期，乡村文化建设的重点在治标。只有当中国已经完成了现代化建设，中华文明已经复兴之时，才有条件进行治本的乡村文化建设。

乡村建设的重点是文化建设

进入 21 世纪以来，中国城市化速度骤然加快，在短短十余年时间，中国的城市化率就由 2000 年的 36% 上升到 2015 年的 56%。未来 20 年将是中国继续高速城市化的时期。高速城市化就是乡村人口进城，乡村人财物流出乡村，流入城市，乡村空心、空壳化而变得萧条。但这并不意味着农村因此就不重要，因为即使中国城市化率达到 75%，仍然会有 4 亿 ~5 亿人口生活在农村。

当前农村实际上构成了中国现代化的稳定器与蓄水池，对于中国的城市化和现代化发展具有极为重要的作用。因此，十多年来，中央持续不断出台涉农一号文件，每年财政支农资金已达上万亿元。

现在的问题是，“三农”政策的关键在哪里？中央涉农一号文件里面具有含金量的政策实施效果如何？建设乡村的重点在哪里？这就涉及如何对乡村建设进行定位，以及如何理解当前中国农村存在的问题。

我以为，当前乡村建设的重点是文化建设，与此相关，当前“三农”中存在的主要问题是文化的破坏。中国未来30年，乡村建设和乡村工作的重点，应当集中到以乡村文化建设为中心的工作上。

一、乐与忧：中国乡村发展的最好时代

梁漱溟先生在20世纪30年代进行乡村建设，他认为当时中国主要的问题是文化失调，要救中国就必须救乡村，而救乡村的根本办法是解决乡村文化失调与破产的问题。实践证明，梁漱溟的乡村建设道路是行不通的。一方面是没有彻底的社会革命和社会主义改造，传统中国乡村很难为中国现代化提供足够强有力的支撑；另一方面，现代化必然要求工业化，尤其是要发展城市机器大工业，工业化和城市化才是中国现代化的唯一道路。农业立国根本就不可能行得通。

新中国成立以后，中国通过城乡二元体制，从乡村吸取资源发展工业，快速推进工业化。到20世纪70年代建立了完整的国民经济体系，初步完成了工业化。到改革开放前的1978年，工农业产值占比发生巨变，农业产值占工农业生产总值的比重，由建国初期的60%下降至不足30%，工业产值占到工农业总产值的60%以上。短短二十多年，中国就由一个传统的农业国家变成建立了完整国民经济体系的初步实现了工业化的工业国家。

1. 工业化中国的乡村观察

改革开放以后，中国开始了快速的城市化进程。2015年中国城市化率达到56%，中国经济总量快速增加，二三产业生产值占国民生产总值比重超过90%，农业产值仅占国民生产总值的9%左右。而二三产业主要是在城市和沿

海经济发达地区城市带完成的，以农业为主的传统农业型乡村地区在经济上变得越来越不重要，中国经济发展极度集中于城市。因为聚集效应和规模效益，城市在发展二三产业上具有相对于传统乡村地区的巨大优势。也就是说，当前中国发展主要靠城市。从经济增长上看，农业所能起到的作用比较小（当然不是说农业就不需要。农业是基础，粮食安全问题是大问题），从这个意义上讲，农业立国根本就不可能，通过乡村建设来为中华文明开出新路来救国救民，显然没有任何可能。中国经济发展集中在城市（包括沿海城市一带的乡村），乡村只是中国现代化的稳定器。在这种背景下，乡村建设的主要目标显然不是经济目标，也不是要让农民留守乡村、在乡村发财致富，更不应当鼓励城市人到乡村去掘金。

如前所述，中国国民生产总值中，农业占比低于 10%。但当前中国仍然有 2 亿多户小农，有 2 亿多农业劳动力，有 6 亿多人生活在农村。而且进城务工经商 2 亿多农民工的绝大多数，仍然与农村有千丝万缕的联系。他们大多数人的父母、子女都留守在农村，他们年老时可能还要退返农村。

由全国大约 50% 的人口来分享只占国民生产总值 9% 的农业 GDP，农民就不可能依靠农业致富，乡村就不是创新创业的合适地方。乡村建设的重点本就不应是经济建设，尤其不应鼓励农民从农业中增加收入，发财致富。

因为农业占 GDP 份额太少，中国总共只有 20 亿亩耕地，在短期内不可能改变中国乡村人多地少的基本国情。实际上，进入 21 世纪以后，农民收入增长主要来自进城务工经商。只有当大量农民进城以后，这些进城农民才可能将之前的农业获利机会，让给仍然留村务农的农民，从而提高留村务农农民的收入。

正是城市获利机会向农民的开放，使得农民可以依据自己家庭情况进行决策。城市就业机会多、收入高，农民就进城去了。其中一些进城农民在城市获得稳定就业与较高收入，在城市体面安居下来。还有一些农民因为缺少在城市就业的便利条件，或者不愿进城，他们也可能通过流转进城农民的土地耕种，以形成适度规模经营，增加自家经济收入。

2. 乡村问题：脱贫是重点，文化建设是核心

进入21世纪，国家进行乡村税费改革，取消了农业税，农民又获得了越来越多城市务工经商收入机会。农民收入持续增加，生活条件持续改善。仅仅从乡村贫困人口的减少来看，改革开放之初，中国有7亿多贫困人口，到2010年中国仍然有接近1.66亿贫困人口（国家统计局网站），到2015年，中国只有大约5000万贫困人口。也就是说，当前乡村的根本问题不是增加农民的收入。因为建立了健全的社会主义市场体制和体系，城市获利机会向农民开放，所有农民都可以进城获取这些获利机会。农民就会依据自己家庭状况进行理性决策。此种情况下，农民就不只是农民，他们并不是只能从乡村获取收益。正是良好的制度建设和开放的市场机会，让农民收入快速增长，乡村贫困人口快速下降。

随着农民收入的增长，农民越来越有能力在农业生产中使用机械。当前农业机械化仍在快速推进，尤其在平原和丘陵地区的大田作物，机械化率相当高，农业生产普遍做到了机耕机种机收机运。如2016年，我国主要农作物耕种收综合机械化水平已经超过了65%，小麦基本实现全程机械化，玉米、水稻的机械化水平超过75%。之前依靠肩挑人扛的重体力农业开始变得轻松起来，老年人也可以从事农业生产。

机械化不仅大大减轻了农业生产的辛苦程度，而且配合各种轻简便农业技术的推广和化肥农药的普遍使用，农业生产所费劳力大幅度减少。在一般农业型地区，农忙时间可能只需要2 ~ 3个月，其余时间都是农闲。

当然，这并不是说当前农业生产就没有问题，更不是说粮食安全问题就可以无视。当前中国农地制度存在的最大弊病，就是严重的土地细碎化问题没有解决，尤其是在当前中央强调农村农地确权的背景下，随着大量农民进城，农地承包权与经营权的分离带来了土地经营中的各种问题。

在中国未来仍将长期保留数以亿计乡村人口和农业劳动力的情况下，在机械化普及条件下，农村人多地少的基本格局将长期存在，“老人农业”就有合理性，且“老人农业”一般都会精耕细作，从而就可以保持相对较高的土地产出能力，也正是因为如此，才可以保证当前中国包括粮食在内的农产品供给。

进入 21 世纪以后，国家加大以工哺农、以城带乡的力度，大量国家财政投入，在较短时间大幅度提高了农村基础设施水平，尤其是道路、水利建设以及土地整治等都取得了很大进展，而以新农合和新农保为代表的乡村社会保障体制，也为农民提供了更强的应对风险能力。

进入 21 世纪以来，农民家庭收入水平持续增加，农村贫困人口快速减少，农业生产条件大幅度改善，机械化快速推进，农村生活基础设施和基本社会保障也大幅度改善。甚至可以说，在中国数千年历史上，只有进入 21 世纪后，中国农民才进入收入增长速度最快、生产生活条件最好、社会保障最健全的时期。

中国绝大多数农民也许正是在这个时期，才第一次真正彻底地解决了温饱问题，有了基本的社会保障，从肩挑人扛的重体力劳动中解放出来，有了较多的闲暇时间。也是因此，我们完全可以认为，当前中国农民正处在历史上最好的时期。

但是，正如我们在媒体上常可以看到的，以及各种返乡人士所观察到的，当前中国乡村绝对不是已经完美，没有任何问题，而是问题多多。这些问题表现出来林林总总，如人情泛滥、彩礼横行、无序竞争、道德崩塌、老年人自杀率升高、高离婚率、不理性消费等，概括起来就是乡村出现了社会失序、文化失调。也就是说，当前农村问题的根本，不是表现在经济方面，而是在文化方面。农村的破产是文化的破产。因此，农村建设就应当是文化建设。乡村建设的重点是文化建设就是这个意思。

二、乡村是农民的保障，是最后的退路

城市化导致乡村人财物快速从乡村流出，乡村出现了空心化并变得萧条起来。快速城市化带来的乡村人财物流出，也许是历史上第一次真正将过去相对封闭的村庄边界打破，保持了千年稳定的村庄秩序以及农民的价值观发生了改变，由此造成各种文化失调的问题。

在经济增长主要发生在城市也只可能发生在城市的情况下，农村人口大量进城，农民收入增长越来越依靠进城务工经商的收入。

1. 乡村的重要，在于能为农民保底

正是乡村能为农民提供保底的生活条件，乡村可以保持基本的生产生活程序，农民家庭就可以进城务工经商获取收入，进城失败又可以退返农村生活；正是乡村保持了基本的生产生活秩序，乡村社会为农民提供了保底，让农民有了依据自己家庭情况，在城乡之间进退的选择权。而农民的进退选择权，正是中国现代化进程中最为重要的和基本的缓冲空间，也是乡村成为中国现代化的稳定器与蓄水池的前提。

换句话说，在当前乃至未来很长一个时期，中国都将处于快速城市化进程中，大量农民进城务工经商获取收入。不过，在中国目前经济发展阶段，相当一部分甚至大部分农民工都很难在城市体面安居。

一方面，进城务工经商的青壮年农民工，他们的年老父母和年幼子女可能仍然生活在乡村，仍然从事农业生产，获取农业收入，也正是通过“以代际分工为基础的半工半耕”的生计模式，农民家庭可以同时获得年老父母务

农的收入和年轻子女进城务工的收入，农民家庭才有比较高的经济收入。当农民家庭青壮年劳动力进城务工时，中老年父母仍然从事农业生产获得农业收入。正是在没有减少农业收入的情况下，农民家庭青壮年劳动力进城务工获得的收入，构成了农民家庭收入的持续增长。由于乡村生活消费水平比较低，自给自足经济的存在进一步降低了农民家庭支出的压力。这是进入 21 世纪以来全国农民家庭收入持续增长的原因。

另一方面，进城务工经商的青壮年农民工，他们年轻时在城市工作生活，年龄大了，他们可能很难再找到合适的就业机会，又缺乏在城市体面安居的社会保障，他们就可能要返回乡村。当进城失败农民工可以返回乡村时，城市就不会有大量漂泊无根的底层人群，也不会出现大规模城市贫民窟。进城农民工也会不惧于进城的失败，因为“大不了回到农村去”。正是农业为农民家庭提供了虽然不多却十分基础的保底收入，以及乡村为进城失败农民工提供了最后退路，乡村成为中国现代化的稳定器与蓄水池。

传统农业很难让农民发家致富，创造财富的主要机会还是在城市，乡村生活也很难媲美城市生活。不过，农业收入虽然很难让农民致富，但是可以解决温饱问题；乡村生活虽然没有城市灯红酒绿的美好，但是好过漂泊无根的城市贫民窟的生活。因为在农村农民都有自己的住房和土地，以及村庄熟人社会的生活环境。

2. 当前乡村的拉力和推力

当前乡村基础设施的建设，农业机械化的推进，乡村基本社会保障体系的建立，使得在物质条件方面，乡村真的成了进城失败农民不错的退路，以及缺少城市就业机会的农民不错的生活场所。

当占到中国总人口一半以上的最为贫弱乡村人口有了保底生存条件，有了基本保障和退路，中国现代化进程才可以获得一般发展中国家所缺少的“发展中的稳定”。

目前农村仍然具有留住农民的拉力，而城市具有难以容纳进城人口的推力，这两种力量的高水平均衡状态，为中国应对现代化进程中各种可能出现的困难提供了巨大缓冲的空间。从某种意义上来说，中国当前的发展阶段，城市能够让进城人口在城市体面生活的能力是有限的。建立高水平均衡的关键作用还是乡村的拉力。乡村越有拉力，进城失败的农民就越是不能忍受城市漂泊无根的生活，就越想返回乡村。

很简单，农民进城是为了在城市寻找比乡村更好的生活。当他们进城后，经过多年努力无法实现城市美好生活，他们就可能返回乡村过虽然不如城市，但是比城市“贫民窟”要好的生活。

反过来，如果乡村缺少拉力甚至产生巨大推力，进城失败农民无法返回乡村，甚至缺少进城条件的农民也很难在乡村生活下去，城市就不得不容纳远超合理容纳能力的乡村人口。于是城市就会产生出一个庞大的贫民窟人群，中国现代化也就会因此缺少了缓冲空间。因此，我们就要仔细探讨当前乡村的拉力和推力问题，要研究农民的生产与生活问题。

如上所述，在当前乃至未来很长一段时期，乡村建设的目标不是在乡村建设堪比城市的文化生活，乡村也不是发财致富的场所，而是要为进城失败或缺少进城条件的占到中国半数以上人口的农民，提供最后的安全退路。

相对改革开放初期，当前乡村物质条件还是不错的，且仍然在继续改善中。当前农村物质方面，包括生产、经济收入甚至基本生活保障，政府已经或正在大幅度对农村进行资金投入与扶持。但是在精神文化层面，当前农村存在的问题很多。因此，我们以为，当前乡村建设的重点是文化建设，而非其他方面。

三、乡村振兴，须直面乡村的核心问题

当前乡村存在的主要问题不是农民收入太低、劳动强度过重，而是消费不合理，闲暇无事可做；是社会关系的失衡，是精神价值观的失准，是文化的扭曲。下面分别列举若干当前乡村存在的问题。

1. 不合理、不理性的消费问题

当前乡村存在的一个很大的问题是不合理消费。改革开放以来，尤其是进入21世纪以来,农民家庭收入持续增长,绝大多数农户家庭都已经摆脱贫困，到2015年全国贫困人口只有5000万左右。对已经富起来的大多数农民而言，存在的一个严重问题是消费的快速增长，尤其是各种不合理、不理性消费快速的增长。

在某种意义上，农民收入增长速度远远赶不上消费增长的速度。据我们调查，在一些贫困山区，比如湖北秭归县，农民收入大约四分之一用于人情开支。一个普通农户家庭一年的人情开支就要花费上万元，人均达到3000元左右。人情开支支出的同时，事主方也要办酒席，酒席的铺张浪费也很惊人。

浙江农村办酒席，一桌酒席花三四千元很正常，条件稍好的家庭办酒席，三四十桌的情况也很普遍，婚丧嫁娶办一次酒席就要花费10多万元。与长江流域普遍沉重的人情酒席支出相比，华北地区农民人情支出更加浪费，甚至办丧事也要请戏班子唱戏，其中少不了狂歌劲舞，与丧事悲伤凝重的气氛完全不协调。

在乡村消费中，最大支出是建房。改革开放以来，有些地方的乡村已经建了三茬房，由砖瓦房到楼房再到高标准别墅式装修的住房，还有相当一部分农户家庭到城市购买了商品房。在建房、购房消费中，农户几乎花完所有

积蓄，其中多数农民还会欠下债务。而实际上，农户家庭所建住房往往大而无用，之所以建超过农民经济承受能力的高大又奢侈的住房，很大程度上是攀比心态，而非实际需要。

最近几年，乡村又出现了买小车的攀比，有钱无钱，贷款也要买小车。实际上，很多买车农户常年在外打工，买的车仅仅春节回家时开出来显摆显摆，春节一过，小车就关在车库（如果建了车库的话）里，纯属浪费。

当前乡村消费尤其围绕男婚女嫁进行，乡村婚嫁中普遍出现了女方索要高额彩礼的情况。除高额彩礼以外，女方往往还要男方家庭在城里买房，买小车，索要各种“三金”之类的财物。婚礼仪式也越来越新潮，甚至请婚庆公司来主持，拍婚纱照更是普遍存在的现象。有人形容，农民日常是一分一分地攒钱，到了儿子结婚时就是一万一万地花钱，结一次婚不仅将全家所有积蓄用完，而且往往欠下巨额债务。

此外，农村赌博现象也十分普遍，“六合彩”在乡村更是长期流行。

在收入有限的情况下，不合理、不理性消费造成了农民生活的困难。与其说农民之苦是收入太低，不如说是苦于不合理的消费。

2. 乡村人情债正在异化，并趋向不理智

乡村是一个熟人社会，这个熟人社会中，婚丧嫁娶需要相互来往和互相帮忙。正是通过互惠的人情，将熟人社会中村民建构成了自己人，自己人的认同感提高了村庄熟人社会共同应对自然和社会风险，完成集体行动的协调与情感，增加了村庄社会资本，构造了村庄社会，也使得熟人社会中有了更多的价值内涵。不过，当前有一些地区的农村，出现了严重的利用人情来敛财的现象。刚开始时，婚丧嫁娶办酒席，收取的人情钱多于花费，办酒席有盈余。在传统时期，这种盈余可以算作亲朋邻里对举办宴席村民家庭的经济支持。

在乡村社会快速变化且村庄结构性力量弱化的情况下，有农户家庭连续办了多次婚丧嫁娶酒席，收了多次人情，而有些农户若干年只送出了人情，却没有机会办酒席收回送出的人情，因此会在之前相对约定俗成的酒席范围之外，办酒席收回人情的“投资”。在过去约定俗成的酒席之外，各种名目的酒席就大量产生，以至于办酒席都不用说是为什么办酒，这就是所谓“无事酒”。由此出现了酒席越办越多、人情债越积越高，所有村民都受到了人情支出的巨大压力。

有少数村民开始退出人情圈，最终越来越多村民退出人情圈，过去作为互惠的人情因此不能再维系下去，村庄熟人社会变成人情的沙漠，之前依靠人情来将熟人变成自己人的机制也因此很难发生作用。

3. 农民闲暇增多，低俗文化横行

在机械化快速推进、化肥农药广泛使用的情况下，农业生产不再是重体力劳动，农忙时间大大缩短。也许是历史上第一次，中国农民有了充足的闲暇时间。尤其是在平原和低丘陵地区，因为机械化的普及，每年农忙时间可能只要 2~3 个月，一年中的大部分时间都是农闲，如何度过闲暇期就成为决定农民生活质量的一个关键。

在传统农耕文明时期，农业生产力水平低下，农民只有终日劳作才能解决温饱问题，农忙自然忙得不可开交，农闲也要搞各种基础设施建设，以及忙于各种家务（男耕女织、衣食住行都是自力更生），农民几乎没有闲暇。仅有的一些农闲时间都安排了各种节庆活动，比如秋收后的中秋节、重阳节，春播前的清明节，春播后的端午节，冬季的春节。这些节庆活动，村民们都要忙碌。也就是说，在传统农耕时期，农民的时间都被季节性开展的农业生产和社会性节庆占领，几乎没有真正闲下来的时间。

新中国建立以后，一方面，国家进行工业化建设，从乡村抽取资源，工业化的成果却迟迟没有回馈农业（机械化是20世纪70年代才开始的），农村劳动力在完成传统时期的农业生产任务以外，还被高度组织起来利用冬闲时间建设各种水利工程等基础设施。人民公社还将农民组织起来开展各种文化教育活动，如培训民办教师、赤脚医生，成立文艺宣传队等，将农民农闲时间都安排了活动。

分田到户以后，农民劳动积极性提高，农业机械化等生产力水平提高，人多地少的农村农民有了大量农闲时间。由于重体力劳动大幅度减少，有的农民患上了城里人常见的心血管疾病，有的闲居家中的农民天天打麻将赌博。突然而至的大量闲暇时间与千年乡村农耕文化不匹配，让农民难以适应。

总之，当前中国农村，这些闲暇时间不仅没有给农民带来生活品质的提升，大量闲暇时间反而造成了农民无所适从。为了消磨闲暇时间，赌博、迷信活动等不健康低俗的娱乐活动兴起，各种低俗文化泛滥。如何过好闲暇生活，在当前的乡村确实成了一个大问题。

4. 老年人正成为乡村道德问题的承受者

在农村人财物外流的情况下，村庄传统结构性力量解体，基层组织体系功能弱化，导致农村社会产生了各种问题。其中，农村老年人作为弱势群体，成了各种社会问题的承受者，并因此导致各种不良社会现象，其中最典型的是老年人自杀的问题。在某些地区的农村，农村老年人非正常死亡的情况十分普遍。

在农村调研中发现，老年人非正常死亡也不全都是因为子女虐待，其中相当一部分老年人因身体不好担心拖累子女，选择自杀。这些老年人，他们觉得自己年龄大了，不再能为子女做贡献了，活着就是拖累子女，即使自己不自杀，村庄舆论也是“某某老糊涂了，都不知道自己该死了”。村庄舆论对处在绝对弱势的老年人十分不利，老年人失去劳动能力尤其是生活难以自理之后，似乎唯一选择就是自杀。

5. 乡村社会中的“刁民”力量

任何一个社会都有一些搭便车甚至利用任何时机捞取好处的人。在一个正常的社会中，这些事事搭便车捞好处的人，要付出名誉的代价，处在社会边缘的位置。不然，村庄熟人社会就会人人争当搭便车者。

人人搭便车，集体行动就会陷入困境，村庄社会就无法应对共同生产与生活性事务，村庄社会就要解体。因此，任何一个正常社会都必须有一套抑制搭便车行为的结构性力量，包括舆论的力量。

当前中国农村出现的一个大问题是，保持千年稳定的村庄社会结构正在解体。之前相对封闭的村庄正变得开放，农民可以从村庄以外获取收入，并且正越来越多地从村庄以外获取收入。伴随过去约束村庄搭便车行为的结构性力量的解体，现在越来越多的村民正在学习搭便车。甚至越来越多村民借国家项目在村庄落地当“钉子户”从中获利，村庄缺少约束“刁民”的力量。刁民成为村庄中“堂堂正正”的力量，刁民得到好处，成为示范，就有越来越多村民变成刁民。

刁民泛滥漫延的结果就是，不仅村庄内部为公共利益所进行的集体行动陷入困境，而且国家要为村庄做好事，也会处处遇到钉子户的刁难，造成“好事不好办，好事办不好”的乡村现象。

6. 农民终极价值观正面临坍塌

传统中国农村，农民的宗教是传宗接代、光宗耀祖。所谓“不孝有三、无后为大”，围绕生儿育女来完成人生任务，获得人生意义。正是有了明确的传宗接代任务，农民所有行为都有目标，所有辛苦都有理由。正是终极价值观让农民含辛茹苦、忍辱负重，在有限的生命中实现无限的子孙延续的意义。

当前农村快速的变化，不仅彻底打破了农民传宗接代的终极价值，而且让农民失去了进行村庄社会性竞争的稳定条件，从而在乡村中普遍出现了急功近利的短期行为。正是本体性价值的丧失，造成了村庄中激烈的社会性价值竞争，以及随之而来的价值荒漠化。农民不知道自己为什么活着，活着的意义是什么，什么活法才是对的。

以上存在的现象，可以总括为文化失调的问题。当前农村，不是物质匮乏，也不是农民劳动繁重，而是他们在社会生活中丧失了价值观。由于缺少人与人之间的稳定关系，从而无法形成相互的期待与合作，也无法从闲暇中滋生出有品质的生活。从这个意义上说，我以为乡村建设的重点是文化建设。

四、乡村文化快速变迁，农民认知陷入迷乱

造成当前乡村文化弊病的原因很多，其中最为根本的原因是传统的相对封闭的村庄社会向现代的相对开放的社会转变过程中，快速城市化导致农村空心化、空壳化。

1. 乡村剧变：从封闭稳定到开放失衡

数千年来，中国传统乡村保持了相对的稳定与封闭，这种稳定与封闭主要表现在两个方面：一是村庄人口比较稳定，村民基本上都是生于斯、长于斯、死于斯，是一个熟人社会；二是村民主要收入来自村庄，尤其来自土地。农民在村庄土地上劳作，从中获得收成，祖祖辈辈生活在乡村的土地上。

人民公社时期，新中国在农村进行了从土地制度到社会结构政治组织的全方位改造，普及了新式教育，推行了男女平等的反传统的文化，新中国的农村与传统时期的农村有了极大差异。但是，乡村社会相对封闭和稳定的格局也未改变，农民仍然生活在祖祖辈辈生活的土地上，并且主要还是从土地

上获取收成。甚至到了改革开放以后，农民仍然被束缚在土地上，在村庄中生产生活，村庄仍然保持相对的稳定与封闭。

中国乡村真正的改变是在世纪之交。进入 21 世纪，中国城市化进入快速道，在短短十余年时间，城市化率即由 2000 年的 36% 上升到 2016 年的 56%。不到 20 年时间，城市化率提高了近 20 个百分点，三分之一的乡村人口进城，并且进城人口大都是青壮年劳动力。

与此相关，农民家庭收入越来越依赖进城务工经商的收入，甚至农户收入的一半以上来自城市，真正农业收入占农民家庭收入的份额越来越小。也就是说，大量农民离开村庄进城去了，农民家庭收入越来越依赖村庄以外的收入。这就意味着保持了千年的相对稳定的封闭乡村社会，在进入 21 世纪之交，终于发生了第一次巨变。这是理解当前中国乡村出现文化失调的一个基本前提。

因为农村人财物的流出以及农民收入来源的多元化，乡村社会结构发生了重要变化。农村年富力强劳动力、乡村精英人才进城，使得乡村社会出现了人才的断层，终于千年以来的乡村文化渐渐地失去了传承，无人发扬光大。

2. 乡村社会“原子化”，攀比性消费竞争已成常态

目前，全国乡村基本出现了“原子化”的社会群体发展趋向。每个人都在追求个人利益的最大化，从而造成开展集体行动、公共事务的难度，表现为当前中国乡村社会中的种种负面文化现象。

在仅仅依靠乡村有限土地收入情况下，农民家庭之间的收入往往相差不大，尤其是在新中国成立初期实行土地改革以后，农户之间的收入差距很小。分田到户也是按人口分田的。在同一个村庄，每户农户分到相差不多的人均耕地，在土地上的收入相差不多。相对平均的收入，使得农户之间不会有不理性的面子消费竞争。

分田到户以后，尤其是进入世纪之交，越来越多农户从市场上获得收入，农户之间收入差距越来越大，使得一部分人先富裕了起来。这些富裕起来的人引领消费，从而激发了那些仍然未富裕农户的追赶。正是消费水平的差距原来越大，让很多农户陷入无序的攀比消费竞争之中。

新中国成立以来，乡村社会相对平均的收入与农民收入的快速差异化，形成了农户之间的不平等意识，加剧了当前乡村社会不理性的消费。

现代工业社会，消费主义具有必然性。机械化大生产带来更加现代的消费观。也正是人民消费水平的提高，促使人们产生获取更大收益的动力。

当前农村，在人情、建房、买车等消费观念上，很大一部分人并不是出于实际需要，而是为了面子。有钱的农民消费水平提高了，在乡村社会中就形成消费示范作用，乡村总体消费水平就水涨船高，攀比竞争消费，农户不得不想方设法增加收入来源。

3. 乡村传宗接代的传统文化已破碎

构成当前乡村文化失调的最主要的原因是价值观。传统社会中，人的自我实现与现代社会是有本质差异的。传统乡村社会中，个人本体性价值是隶属于家庭以及宗族的，而这个家族又是由祖祖辈辈以及子子孙孙所构成的无限绵延的世系组成；每个人都在家族的“祖荫下”，传宗接代、养儿防老成为农民的宗教。因此，无论环境条件多么艰难，农民都愿意为此承担生儿育女的责任。

1980 年前后强制实行计划生育政策时，新中国成立前出生的农民正当壮年，他们仍然具有强烈的传宗接代思想，无论如何要生一个儿子的想法成为阻碍计划生育的最大阻力。

到 2000 年前后，这些在市场经济条件下成长起来的一代人，他们接受了现代教育，具有自我实现的价值观。对于年轻的社会主义新人来说，生儿生女都一样，个人价值和自我实现也许比传宗接代更加重要。

当前乡村两代人这样的价值观转变，成为传统乡村文化破碎的源头。

五、重塑乡村文化，先治标后治本

如何进行乡村文化建设？我以为有治本与治标两策，在当前一个时期乡村文化建设的重点在治标。只有当中国已经完成了现代化建设，中华文明已经复兴之时，才有条件进行治本的乡村文化建设。

从治本的角度来讲，乡村是人与自然亲密接触的地方，又是熟人社会，是真正“看得见山，望得见水，记得住乡愁”的地方，是人与自然、人与社会可以和谐相处的地方，也是每个人的心灵中需要拥有和珍藏的地方。在社会高度工业化以后，让每个人都有机会与自然亲密接触，“采菊东篱下，悠然见南山”，远离喧嚣，远离都市，也是每个人人生某个阶段的修行。

当前乃至未来很长一个时期，乡村文化建设首先不是要治本，而是须缓解当前乡村文化凋敝所引发的各种弊病。这些问题一时难以根治，却可以通过有效的方法获得治理。尤其是当前中国经济极速发展，乡村物质条件大幅度改善的情况下，有效治理乡村，乡村文化建设是关键。

我认为，进行乡村文化建设可以从以下五个方面入手：

一是抵制攀比消费主义的蔓延。通过多元化的文化建设，抵制攀比消费主义文化对经济条件不宽裕乡村群体的破坏性影响。

二是移风易俗。当前乡村出现的各种恶俗严重破坏了乡村秩序，恶化了乡村文化环境，影响了农民的关系，尤其是各种铺张浪费的奢靡之风、攀比之风。对此，国家应当给予引导，通过倡导移风易俗，甚至通过一些“软法”来限制地方恶俗，可以起到一定的缓解作用。

地方政府倡导移风易俗当然不是非得一刀切，事事靠国家权力的强制，而要注重倡导，其中包括对党员干部更加严格的纪律约束。移风易俗的经验和办法很多，中国乡村广大，不同乡村情况差异很大，地方政府的倡导必须要有针对性。地方政府在刚开始引导和倡导时，可能会出现矫枉过正的情况，这个也不是太大问题，可以逐步克服之。

三是政府动员。地方政府通过移风易俗来遏制乡村出现的攀比消费和铺张浪费，是可以起一定作用的。其中最关键的因素则在于农民自己，铺张浪费的受害者是农民自己，只有他们组织起来，才能更好地解决铺张浪费的问题。一些地区的农民自发组织红白事理事会，倡导仪式简办，限制酒席数量和档次，限制人情礼金数额，在实践中大受农民的好评。

最近十余年，国家大量向乡村投入资源，主要有两种方式：一种方式是将资源量化到户甚至到人，实行一卡通，比如农业综合补贴就是量化到户的；另外一种方式则是通过项目制，由“条条专政”来实施惠民工程。从目前来看，无论是直补到户还是“条条专政”，国家资源下乡政策并没有提高乡村组织的管理能力，并没有提高农民自身解决他们在生产生活中遇到问题的能力。甚至因为国家资源是外来资源，在项目落地时，有村民借项目落地索要超额补偿，其他村民也有样学样，索要超额补偿，以至于国家资金投入乡村为农民办好事，变成“好事不好办，好事办不好”的不正常现象。

只有当国家资源投入改善农民生产生活条件与农民参与结合起来，才能发挥农民的主体作用，调动他们的积极性，让他们主动参与改善自己的生产生活条件。没有乡村政治动员，没有农民参与，仅仅靠国家投入资源是很难建设好乡村的。

四是闲暇时间安排。当前乡村农民有大量闲暇时间，如果能将闲暇时间高质量地利用起来，将极大地提高农民的生活品质。

人民公社时期，中国乡村人多地少，存在大量剩余劳动力。人民公社通过强有力的组织体系和精巧的工分制，将剩余劳动力组织起来进行建设，从而在很短时间大大提升了农业生产基础设施水平和农民的素质。最典型的案例是将农民组织起来修建大型水利工程，在短短二十余年就将中国耕地可灌溉面积由 18% 提高到 46%，极大地改善了农业生产条件。人民公社还修建了近 2 亿亩梯田。人民公社时期，除基础设施的改善以外，教育、医疗、文化诸方面都通过充分利用乡村人力资源（民办教师、赤脚医生、文艺宣传队员）来提高农民的文化素质和身体素质。到改革开放前，中国人均 GDP 水平在全世界排名十分靠后，而社会发展指数却达到了中等收入以上国家的水平，即与此有关。

当前乡村社会，农民大量闲暇时间不仅未被利用来进行生产，而且往往都被低俗、无聊、无意义甚至不健康的活动充塞。如果能够通过文化建设让农民闲暇生活变得充实、健康、有品位，甚至可以组织起来通过以工代赈等办法，清洁家园，建设家园，那么就能赋予农民闲暇以更高品质，农民在乡村的生活也就会更加惬意，农民收入虽然没有提高，但是可以真真切切地感受到生活的充实。比如，举办文艺体育活动，通过各种健康的活动将农民组织起来，相互交流、互相欣赏，甚至相互帮助，可以大大丰富农民闲暇时间的生活。

五是农民互帮互助。在当前市场条件下，乡村中青年劳动力一定会进城去获取市场机会，而乡村老年人越来越多。如果能将乡村低龄老年人组织起来照看高龄老年人，并获得由地方政府相关财政政策颁发的“老年照顾券”，就可能通过充分利用乡村不同年龄老年人的闲暇互帮互助，缓解乡村老年人的养老难的问题。

当前全国各地乡村文化建设的形式多样，比如老年人协会、老年互助金融、老年大学、广场舞、腰鼓队、红白事理事会、乡村棋牌协会、宗亲会、乡贤理事会、五老会、图书室、文体比赛、老年合唱队、健康讲习班、健走队、健康大讲堂、摄影协会、旅游团等，这些成功经验值得总结推广。

虽然这类文化活动并不能够从根本上改变乡村的萧条面貌，但是可以成为农民改善人际关系应对诸多生活困难的手段，从而使生活在乡村的农民仍然有相对丰富的娱乐生活。乡村可以继续成为中国现代化的稳定器与蓄水池，中国现代化就会更加顺畅。再过二三十年，随着中国进入发达国家行列，将会出现大量进城的乡村人口返乡，那时乡村文化建设则可进入治本的阶段。

十人谈◎朱启臻

中国农业大学农民问题研究所所长

作者简介

朱启臻，“三农”问题专家，先后任中国农业大学社会学系系主任、人文与发展学院副院长等职。现任中国农业大学农民问题研究所所长，农业文化研究中心主任、教授、博士生导师，全国工商联扶贫委员会顾问，人与生物圈国家委员会专家组成员，中央人民广播电台“乡村之声”顾问，兼任多所大学客座教授和研究机构研究员。长期从事农业社会学与新农村建设研究，主要研究领域为农业社会学与乡村价值研究。先后主持国家和省部级有关“三农”研究课题30多项，发表论文和调查报告300余篇，多项研究成果为国家相关决策提供依据。多项科研成果被国家采纳，多次获得国家和省部级奖励。主要著作:《农业社会学》《农村乡风文明建设》《农民为什么离开土地》《生存基础——农业社会学特性与政府责任》《留住美丽乡村——乡村存在的价值》《柔性扶贫：一种基于乡村价值的精准扶贫理念》等。

【摘要】

落实乡村振兴战略，要先明确“发展什么样的农业，建设什么样的乡村”这两个问题。这是乡村建设的基本问题，如果这两个问题不清楚，乡村建设就会走弯路，就会遇到挫折。乡村振兴最为重要的是发展农民为主体的农业，任何排斥农民主体地位的农业都必然为此付出惨痛代价。建设什么样的乡村，也是个十分复杂的问题，乡村建设比城市建设复杂得多。振兴乡村，必须了解乡村价值体系。忽视乡村价值体系的乡村建设，不仅难以取得预期效果，而且往往还会破坏乡村的结构，导致村落共同体的解体。

落实乡村振兴战略，要先明确这两个问题

十九大报告提出实施乡村振兴战略，按照产业兴旺、生态宜居、乡风文明、治理有效、生活富裕的总要求，建立健全城乡融合发展体制机制和政策体系，加快推进农业农村现代化。极大激发了全国人民关注乡村、研究乡村和建设乡村的积极性。各级政府积极规划、谋划乡村的发展，资本下乡的热情再度兴起，很多乡村外出的成功人士返回乡村，愿意为自己的家乡做奉献。振兴乡村的社会氛围正在形成。

但是，我们必须看到乡村振兴热情的背后还存在诸多问题，其中最大的问题是不了解乡村产业特点和规律，不懂得乡村应有价值和发展规律。这与几十年来的片面城镇化思维有关，与长期忽视乡村研究难以积累系统的研究成果有关。在人们对乡村知之甚少的情况下，对乡村振兴深入、全面理解就

受到限制。

最近类似研讨会、经验介绍会议很多。人们一方面对乡村建设满腔热情，另一方面伴随着对乡村的陌生，导致了很多出于美好愿望但实则伤害乡村的想当然判断，诸如“让乡村变成公园”“让农田变成花园”，鼓动“上山下乡”运动等口号，把乡村旅游不加分析地复制到了几十万个乡村规划中，一些完全没有任何乡村经验的“规划大师”承担着乡村规划设计的任务，乡村建设性破坏十分普遍。当地方领导带领我们参观他们引以为豪的乡村建设成果时，我们看到的多是对乡村结构的严重破坏。因此，我们为乡村前途深感忧虑。

这些现象进一步凸显了乡村振兴首先要培养“一懂两爱”乡村人才的重要性，如果没有一支庞大的对乡村认识清晰的人才队伍，乡村振兴很可能演变成新一轮的乡村破坏，而且是彻底的不可逆的生态文明的破坏。在这里，结合自己几十年对乡村的研究体会，谈两个内容：一是乡村振兴要发展什么样的产业，二是乡村振兴要建设什么样的乡村。

乡村建设十分复杂，其复杂程度超出很多人的想象。但是，这两个问题是乡村建设的基本问题，如果这两个问题不清楚，乡村建设就会走弯路，就会遇到挫折。以往的教训（无论是产业发展还是乡村建设）大都源于对这两个问题的模糊认识或错误判断。只有十分清楚这两个问题，才能为乡村的全面振兴奠定认识基础。

一、发展什么样的农业

产业兴旺是乡村振兴的基础，而农业产业是其主要内容。发展什么样的农业才有利于产业兴旺？这是乡村振兴首先要回答的问题。

过去几十年，农业有了长足发展，不仅解决了温饱问题，也为国家农业安全奠定了基础。但是，如何通过农业提高农民收入，在全国来讲依然是一个难题，这个问题不解决，农业留不住人才，乡村振兴就没有基础。

从理论上讲，一个国家存在两种农业：一种是政府的农业，一种是农民的农业。前者所追求的是一个国家的农业安全，农业本质上体现为公共产品，政府对农产品的要求以追求数量充足、价格低廉、质量安全为目的，因为粮食安全是以一个国家内部任何人在任何时候都能买得起、也买得到足够的农产品为标志的。因此基本的农产品是穷人也买得起、买得到为前提条件，所以才有"米袋子""菜篮子"工程。也就是说，政府所追求的是农产品极大丰富，满足消费者的需要。换句话说，适当过剩是政府所希望的。

但是，这样的目标伤害的往往是农民，因为农民的农业是为了增加自己的收入。过剩的生产导致的是"谷贱伤农"，增产不增收。政府为了保证国家的农业安全，就必须协调农民利益与农业生产之间的关系，只有保障农民基本利益，农业才能获得可持续发展。因此，农业保护和农业补贴就成为国家农业制度的重要选择。

乡村振兴条件下，发展什么样的农业既确保国家农业安全，又满足农民增收需要呢？除了政府对农业的支持和保护外，发展农民为主体的农业、组织起来的农业，以及特色农业、融合农业是乡村振兴产业兴旺的理想选择。

1. 农民主体和组织起来的农业

农业组织建设是现代农业的基础，也是实现农民增收和维护农民利益的保障。什么样的农业组织有利于农业发展，有助于实现农民利益，这是发展农业必须明确的前提。否则，我们花大力气发展的农业可能会南辕北辙，背离农业发展的初衷。

农业组织建设要特别注意以下三个方面：

第一，必须清楚家庭经营是农业经营的基本形式。十九大报告指出要保持土地承包关系稳定并长久不变，第二轮土地承包到期后再延长 30 年。同时指出，要实现小农户和现代农业发展有机衔接，保证家庭经营的长期性和稳定性。家庭经营作为中国农业经营的基础，是由农业特点和家庭特点所共同决定的。农业劳动对象的生命性，农业生产的地域性、季节性和周期性等性质，决定了农业劳动不仅需要丰富的经验和技术，更需要高度的责任感、自觉性、主动性和高度的灵活性。

而家庭特点恰好与农业生产特点相吻合，决定了家庭是土地产出效率最高、风险最小、成本最低的农业经营方式。只要农业生产特点不变，农业经营的家庭方式就不会发生变化。始于 20 世纪 80 年代以农户经营为基础的农村基本经营制度，奠定了中国现代农业的基础，所爆发出的积极性和创造性成为中国快速发展的原动力，至今依然发挥着重要作用。

一段时间，人们把现代工业思维用到农业上，片面、机械地理解农业现代化，规模化、机械化、专业化、标准化成为大家耳熟能详的现代农业标配。有些地区为了这些指标，否定农户经营的基本制度，强制农民“流转”耕地，资本下乡圈地，要土地而排斥农民，以把农民变成“既拿地租，又挣工资”的农业工人为政绩，不顾客观条件推动农民变“股东”。殊不知，这些做法违背了农业基本特点，既损害了国家的农业安全，也伤害了农民，甚至坑害农业投资者。

我多次讲过这种“三坑害”的做法，源于对农业特点缺乏基本认识。其实，这些所谓“现代农业概念”并不是现代农业的本质特征，现代农业强调的是现代科技的广泛应用、可持续发展理念的全面落实、现代农业组织的广泛建立等。农户经营发展到今天，确实存在很多问题，有些问题是农户经营自身缺陷所导致的，更多的是一些违背农业特点的瞎指挥所造成的。但是不论什么原因导致的问题，解决这些问题都不能以否定农户经营为代价，大量的“现代”“规模化”的做法之所以失败，不能归结为经营者能力低，更不能归结为农民不配合，而是选择了错误的农业道路。

解决农业问题的正确道路，只能是以农户经营为基础的制度创新。

第二，家庭农场是未来现代农业的基本单位。在肯定农户经营适应性的同时，也必须看到农户经营农业的弊端和问题。随着工业化和城镇化的发展，越来越多的年轻人离开乡村进入城市，乡村老龄化、农业兼业化现象严重，农业科技的推广应用以及农民组织发展遇到诸多障碍。因此，必须通过体制机制创新解决这些问题，以夯实现代农业基础。

需要强调的是，解决农业存在的问题不能以否定家庭经营为代价，否定家庭经营的任何所谓“创新”都是对农业基本特点和规律的否定，不可避免地要付出惨重代价。实施乡村振兴战略的农业发展，只有在坚持农户经营的基础上才能实现。

应该看到，乡村人口城镇化为乡村规模农业提供了条件，通过深化农村土地制度改革，完善承包地“三权”分置制度，把已经脱离耕地家庭的承包地流转给种地的农民，让他们种更多的地，培育出适度规模经营的家庭农场，作为中国现代农业的基本经营单位。家庭农场是指以家庭劳动力为主要劳动力、以农业经营为主要收入来源的农业生产单位。实际上就是扩大规模的农户。其特点在于保留了农户经营的全部优势，可以克服小农户的某些劣势。

实践中，关于家庭农场的理解还存在较大偏差，其中最为普遍的错误认识是受所谓“规模化”思维影响，认为家庭农场的规模要大，好像是规模越大越现代化。实际上，人们想象的所谓“规模效益”在农业上根本不存在，大规模农业所积累的是更多的规模风险。所以，中央一直强调农业的“适度”规模经营。

我们认为，这个适度规模就是家庭农场的规模。其规模下限可以用生计标准来确定，就是能够满足一家人生活需求的规模水平。家庭农场规模上限是现有技术水平条件下，家庭劳动力最大经营能力所能达到的规模水平。不同地区、农业经营的内容不同，决定了家庭农场规模的差异。但是，其共同特征是家庭劳动力为主，即农民自己为自己劳动。这一点可以用来区别于资本农场和雇工农业。

第三，合作社是农业生产者的理想组织形式。家庭农场与一般农户都存在一些自身难以克服的问题，如市场交易成本问题、市场价格波动问题、农业品牌建设问题、农业社会服务问题等，难以通过农户或家庭农场自身力量得以解决，而是需要更高层面的组织才能实现。理论和实践证明，这种更高层面的组织形式就是合作社。通过合作社把农户、家庭农场、农业企业等联合起来，与健全的农业社会化服务体系一起，构建现代农业产业体系、生产体系、经营体系。这样才能确保国家粮食安全，维护农民的利益，把中国人的饭碗牢牢端在自己手中。

从微观上看，我国农民合作社发展中的主要问题，在于分散的小农户缺乏合作的愿望和积极性，特别是兼业农民视农业经营为鸡肋，影响了现代农业组织的形成。从宏观看，合作社没有形成更高层面的联合，分散的小合作社与分散的农户一样对农业风险无能为力。因此，合作社发展要在微观上培育家庭农场，家庭农场作为新兴职业农民的载体，可以激发农民的内在合作需求，解决合作社微观动力不足问题。

在宏观上，要解决合作社规模问题。农业的规模效益主要不是通过大规模流转土地来实现，而是要通过合作社规模来实现。只有当全国合作社网络形成以后，农业的供给侧改革、特色农业、品牌农业、可持续农业等农业形式才能得到组织保障，农民的利益才能有效实现。

2. 发展特色农业

常看到一些“特色”农业失败的案例，其实那不是任何意义上的特色。白菜花变成绿菜花、圆西瓜变成方西瓜、满世界推广种玛咖，诸如此类都不是什么特色农业，那些把新品种、新技术当成特色农业认知是对特色农业缺乏认识的。

特色农业是指在特定的地理环境下，凭借独特资源条件所形成的具有独特产品品质以及特定消费市场的特殊农业类型。特色农业是天时地利人和在农业生产上的具体反映。不可替代和不可复制是其重要特征之一。其他地区或不能生产，或产品品质不能保障，或成本过高，使得该农业类型在特殊区域保持着独特优势。

具体说，发展特色农业要突出三个特色：第一，突出环境特色，绿水青山可以通过发展有机、绿色农产品实现向金山银山的转变。一些地区自然环境优越，污染较轻或无污染，具有发展有机、绿色农产品的环境条件。第二，突出物种资源特色。特殊的地理环境形成了丰富的珍、野、稀、名、特物种资源，是发展特色农业的“宝库”。第三，突出气候特色。特殊的气候特色不仅造就了特色物种，也形成特色产业类型。比如大理的自然环境，形成河谷热、坝区暖、山区凉、高山寒的立体气候，使大理在发展多种地方土特农产品方面具有优势。气候特色不仅可以生产出特色农产品，还可以通过气候差、季节差获得市场空间。

把一个品种拿过来到处复制的农业类型，不是任何意义的特色农业，只能带来大范围的损失。类似瞎指挥的产业结构调整非常常见。

我曾参加云南大理白族自治州特色农业的考察，在宾川县看到了特色的优势。宾川是云南乃至全国太阳能资源最丰富的地区之一，空气透明度高，太阳辐射强，日照时数长。特殊的地理气候条件，使得这里所生产的葡萄与其他产区相比，具有丰产性好、成熟上市早、果大均匀、整齐度好、色泽鲜艳、糖分充足、营养充分等优点。蔬菜、烤烟、经济林果、畜牧养殖、中药材等高原特色农副产品，都具有很强的市场竞争力。农户在自己的承包地上，可以创造出每亩几万到十几万的产出，高原特色农业成为宾川县农业增效和农民增收的主渠道，也是乡村振兴的重要产业品牌。常言道，一方水土养一方人，任何地方都有其特色产业，不要轻易地说某某地方没有特色，那是没有认真研究和发现特色。

特色农业除了地域特色外，还有文化特色。当特色文化融进特色农业就形成了独特的农业特色产品，最典型的莫过于茶文化、梯田文化等，去过云南或贵州欣赏过梯田文化的人，一定会被震撼的。在民族地区，特色农业还表现为民族文化。这些特色产品都是天时地利人和的产物，不是可以在任何地方复制的，因此是典型的特色农业。

发现了特色，如何做好特色农业也是一个问题。过去我们发展农业有个误区，就是不顾客观条件一味强调“做大做强”，过于重视量的增长，鼓励一家独大，结果产量上去了，品质下来了，文化丧失了，导致产品过剩，“谷贱伤农”是影响农民积极性的重要原因之一。发展特色农业要遵守做精做强的原则，要在“特”字上下功夫，不是要盲目扩张面积和产量，而是要“少而精”“精而强”，不靠数量取胜，而靠品质取胜，这符合国家农业供给侧改革的方向，也符合农民增收的需要。

在贵州的大山里我遇到一位对特色农业理解很深的实践者。他从深圳来到贵州支教，地方政府发现他的经营才能，于是动员他去贫困村带动村民脱贫致富。他从调查当地农业资源开始做起，发现这里的优质资源是甘蔗，不仅产量高，品质也很好，但是农民种甘蔗卖不出去，收入很低。他就在村里推广有机种植甘蔗，恢复手工土法制糖，面向特殊消费群体，满足他们的特殊需要，产品卖出了高价，供不应求，解决了当地农民增收的问题。

3. 发展融合农业

2016 年中央一号文件作出部署，“推进农村产业融合，促进农民收入持续较快增长”。探讨推进农村产业融合发展问题，对于推进农业供给侧结构性改革和促进农业、农村经济发展方式转变，实现乡村振兴总目标具有重要现实意义。但对于什么是融合农业、融合什么、在哪个经营主体中融合等问题需要讨论和明确。

有些地方把独立的农业生产、农产品加工和销售者联合起来，把一个区域内的一二三产业协调发展称为融合；有的主张在产业园区搞加工业，延长产业链就是融合；有的认为发展农业观光、乡村旅游就是融合。这些提法和做法，与融合农业的本意相差甚远。

产业融合的目的在于把融合产业获得的综合利润留给农民，让农民增收。因此，我认为发展产业融合，首先要考虑产业融合的主体。农户、家庭农场、真正的合作社，它们是农业产业融合的主体。基于目前合作社存在的问题，农户、家庭农场是最现实的农业产业融合主体。其他主体不具备实现融合效益和产业融合目的的基本条件，农业产业融合必须限定在村内部，体现在农民生产主体内部。

其次，要考虑融合什么。清楚了产业融合主体，就容易明白融合什么内容。发展融合农业的理论依据是经济学的产业链理论、社会学的农业多功能理论和心理学的消费者需求理论。消费者对农业需求已经从温饱型转变为对提升生活质量的需要，或者说从满足生理需要发展到满足精神需要的阶段。农产品营养与安全，包括色香味在内的特殊品质、多样农产品形态、品牌与文化等均是精神需求的重要方面。要满足消费者多层次需要，农业必须向融合产业发展。农业的多功能性恰巧可以满足人们不同层次的精神需要。深入挖掘农业价值，可以为农业产业融合提供依据。

就农业产业融合路径而言，主要有两种途径可以选择：

一是农业产业链的延伸。农业产业链条可以涵盖农业生产的产前、产中、产后的各个环节。从农业产前的农资生产与技术开发到农业生产过程中的社会化服务，再到产后的农产品贮藏、深加工、运输、销售等环节。按照经济学的理论，产业链延伸可以实现农业的增值增效。具体实践不可做机械理解，如有的农业园区规定所生产的农产品加工率必须达到一定的比率，其实无此必要。因为农产品的价值并不总是随着加工环节的增加而增加，种植西红柿不必要加工成西红柿酱再出售，种植苹果也不是一定榨汁才算加工。实际上，农业产业链延伸长度不是看加工环节多少，而是看最终能否有效满足消费者需要。农家乐之所以受到欢迎，就在于它是有效的产业链延伸模式——从地头延伸到了餐桌。

除了传统的生产、加工、销售这一农业产业链延伸维度，另一个方面就是发展乡村手工业，如编织、刺绣、纺织、印染、雕刻等，振兴乡村手艺。手工业是乡村经济的重要方面，也是产业融合的重要内容，具有变废为宝、循环利用的价值。2018 年中央一号文件明确指出要振兴乡村传统工艺，要培育一批家庭工场、手工作坊、乡村车间，为乡村产业融合提供了前所未有的发展空间。

二是农业功能的扩展。农民收入长期徘徊难以有效提高，一个重要原因是农民只能获得有限的农产品收入，而不能获得农业价值的综合收入。农业除了具有农产品的价值外，还有生态价值、景观价值、体验价值和教育价值等。从传统农产品生产功能拓宽到农业生态、生活、休闲、度假、教育与创意产业，拓宽农业收入空间，特别是近些年“农文旅”的融合，成为农业增收的有效途径。

最近，人们提出了庄园经济的概念，是一个新的农业产业融合的方向。庄园经济的目的是增加农民的收入，培养农民综合利用农业资源的素质和能力，进而激发农民从事农业生产的积极性，产业融合的主体应该是农业生产者，发展融合农业不应排斥农民。

二、建设什么样的乡村

建设什么样的乡村是个十分复杂的问题。我在多个场合讲过，乡村建设比城市建设复杂得多，不要按照城市建设的思路改造乡村，相反，城市建设要多向乡村汲取智慧。有些人把乡村建设看得太简单了，凭着城市人的想当然规划乡村，结果“美丽”乡村建设好了，农民却失去了生计来源。这个教训还在各地上演，因此，急需提高对乡村价值和乡村特点与规律的认识。

1. 全面认识乡村价值

2018 年中央一号文件指出，坚持乡村全面振兴，准确把握乡村振兴的科学内涵，挖掘乡村多种功能和价值，统筹谋划农村经济建设、政治建设、文化建设、社会建设、生态文明建设和党的建设，注重协同性、关联性，整体部署，协调推进。乡村振兴要遵循乡村发展规律，这个规律的重要内容之一，就是乡村价值体系及其发展特点。

为了适应农业生产而诞生的乡村，在其漫长发展过程中始终沿着两个维度成长：适应生产（农业生产、庭院经济和家庭手工业）和方便生活，并衍生出诸如生态、社会、文化、教化等多种乡村特有价值，形成了独特的乡村产业结构、社会结构和文化结构。只有尊重乡村功能与价值体系，传承和提升乡村价值，在原有乡村价值基础上赋予新的、更高水平的功能，乡村振兴才能取得事半功倍效果。

忽视乡村价值体系的乡村建设，不仅难以取得预期效果，而且往往还会破坏乡村的结构，导致村落共同体的解体、生产难以为继，使生活陷入窘迫境地。因此，振兴乡村必须要了解乡村价值体系。

到底应该把乡村建设成什么样的乡村？按照乡村振兴的总要求，乡村建设要符合以下要求：

第一，把乡村建设成适合乡村生产的乡村。十九大报告将产业兴旺作为乡村振兴的首要目标。提到产业兴旺，有乡村生活经验的人就会想到乡村过春节时的两个条幅：“五谷丰登”“六畜兴旺”，反映的就是乡村生产内容的丰富性和多样性。乡村有多样化的种植业、多样化的养殖业，丰富多彩的乡村手工业，有大田的农业生产，还有房前屋后种瓜种豆的庭院经济，更有现代社会发展出来的乡村休闲度假等新型产业类型。无论是哪些类型的产业，都需要以乡村为载体。如果消灭了乡村就消灭或削弱了乡村产业发展。

一些不懂得乡村特点的规划设计单位及主管机构认为，让农民"上楼"更能体现现代化。结果不仅因为远离耕地，农民的农业生产难以为继，庭院经济和手工业也失去了存在的空间，很多以农业为主要生计来源的农民，因此陷入了生活困境。我们所说的要把乡村建设得更像乡村，不是指乡村的外貌，而是指乡村的本质，更能适应生产需要，更符合老百姓的生活需要。

第二，建设有文化的乡村。人们常说，"乡村是文化的根"。但当问及文化的根在哪里？往往难以做出准确回答，因此就有了传统村落"建设一个毁坏一个"的现象。有些地方在乡村改造过程中简单移植城市规划的思路，不仅没有传承文化，还消灭了传统文化的载体，使优秀传统文化无处藏身。

各地普遍流行的盲目追求"高大上"、追求"洋"的做法，或者对民族文化和乡村文化不屑一顾，或者根本看不到乡村文化的价值，导致了美丽乡村建设走错了方向，使得辛辛苦苦建设起来的所谓"美丽乡村"其实是徒有其表。

优秀文化得以传承是乡村建设成功与否的最重要标志。但是，我们必须清楚乡村文化的载体是什么。农家院落、村落形态、村落公共空间、标志性建筑、特定的邻里关系与社会结构、风俗与节日、民间信仰和乡土知识、乡规民约、地域特色的生活方式等，都是乡村文化保存、传承与发展不可或缺的载体。当这些司空见惯的乡村存在被毁之日，也就是乡村文化被消灭之时。

第三，建设生态宜居的乡村。乡村是生态系统不可分割的组成部分，在生态体系中发挥着重要而独特的作用，使之成为生态文明的重要载体，承载着一种全新的文明方式，是生态文明的主要展演空间和建设场域。乡村的生态价值不仅表现为乡村坐落于青山绿水之中的良好生态环境，更主要的在于乡村中蕴含着“天人合一”的生态理念，有着丰富的生态信仰以及践行着低碳的生活方式，还有着令世界瞩目的有机循环利用的智慧。乡村体现着最接近自然生态的人类聚落形式，因而村落也成为生态恢复的有效力量，是实现种植业与养殖业、人们的生产与生活之间能量转化的节点。

众所周知，在传统村落里是没有垃圾观念的，因为有机循环自然而然实现着变废为宝，一切生产物、生活垃圾都可以得到有效的循环利用。但是，在错误理念支配下的一些所谓“美丽乡村建设”，破坏了乡村本身拥有的生态循环系统，特别是种植业、养殖业之间的循环环节被取缔，农民的生产与生活的循环链条被切断。

由于采用了违背农业特点和乡村特点的制度机制，农业这一本应对生态具有正能量的产业却沦落为新的生态污染源，而乡村的垃圾也成为乡村环境治理的难题。这些问题的最终解决不是沿着城镇化建设的思路，而应该在生态文明理念指导下，在恢复乡村应有生态功能的过程中来实现。

第四，建设有利于村民健康生活的乡村。乡村是适合人类生活的空间，这不仅因为乡村最贴近大自然，也因为乡村有着与大自然节拍相吻合的生活节奏；不仅因为乡村有着新鲜的空气、健康的农产品、美丽的田园风光，也因为乡村保留着人与人的和谐与亲情。城市快节奏和高度紧张的生活方式导致高血压、心脏病、神经衰弱等疾病，使人们重新反思什么样的生活才是科学和健康的。因此，乡村生活方式和慢生活的理念重新回到人们的视野。

今天每个住在城市的人都受到城市生活的极大困扰，城市既成就了现在的工业文明，也产生了“天人对立”的哲学和文化。拥挤、污染、噪音和雾霾等“城市病”迫使人们思考新型城乡关系，越来越多人认识到了乡村的生活价值。一些地区潜心打造养生、养老、养心的乡村社区，乡村的生活价值吸引着越来越多的城市人来农村休闲度假，甚至通过各种方式到乡村安家落户。

乡村的居住方式、耕作方式是人和自然最亲密、最接地气的生产方式、消费方式和生活方式。因此，为了充分发挥乡村生活价值，未来的新型城乡关系应该是城乡要素自由流动的城乡融合发展，而不再是以各种理由搞城乡二元分割。

第五，建设具有教化功能的乡村。乡村社区一个很重要的价值在于它是天然的教化空间。乡村的空间特征、社会结构使乡村成为约束、教化和规范人的行为的有效场域，乡村使人们在不知不觉中达事明理，区分是非善恶、辨别美丑，潜移默化地接受社会规范。

村落的教化功能是由村落的特性所决定的。村落之所以具有教化条件，在于乡村与城市社区相比具有三个显著特点：

其一，农户是透明的，不管谁家发生了什么事情，村落里的人都清楚。有了透明的农户，才有了乡村的熟人社会，进而有“街谈巷议”等乡村舆论，乡村舆论在乡村公共空间传播过程就是对人们的教化过程。

其二，乡村熟人社会，村民之间的监督。村落舆论是非常重要的监督力量，是约束村民行为最重要的措施和渠道。熟人社会才有了邻里之间的示范和模仿，道德模范、好媳妇、好婆婆等典型在乡村治理中之所以是有效的，是因为乡村这一特点所致。

其三，乡村有对乡村成员实施周期性强化的条件。无论是红白喜事等习俗，还是节日礼仪和日常生活，都具有反复强化的特点，不知不觉地使人接受熏陶。

乡村对人行为的塑造是自然的，教育过程是潜移默化的。乡村教化往往通过言传身教的方式，有着很强的示范功能，从而使人的行为受到深刻的内在影响。乡村教化的内容具有多面性，乡村教化的途径具有综合性。

2. 农家院落的重要性

乡村振兴只有在尊重乡村功能与价值体系基础上，传承和提升乡村价值，并不断赋予新的、更高水平的价值，才能取得事半功倍的效果。忽视乡村价值体系试图建立新的社会结构和文化结构，其结果往往导致村落共同体解体，生产难以为继，生活陷入窘迫境地。因此，振兴乡村必须了解乡村价值体系。构成乡村体系的要素很多，这里仅就农家院落做些介绍，旨在通过具体要素的剖析，帮助人们理解乡村要素如何影响乡村整体价值。

农家院落是农民用围墙或栅栏围起来的包括建筑、设施、空地以及具有特定生产生活内容的空间结构，是构成村落社会的基本单元，是农民祖祖辈辈生产、生活、娱乐和社会交往的空间，是乡村文化的重要载体。村民的生产与生活在院落里以微观形式得以生动体现。

2015年1月，习近平总书记在云南大理古生村农民院落里座谈时说道："这里环境整洁，又保持着古朴形态，这样的庭院比西式洋房好，记得住乡愁。""庭院比西式洋房好"体现了总书记对农家院落价值的深刻理解。农家院落具有很多特殊价值，我们选择几个说明之。

第一，农家院落的生产价值。农家院落是在长期适应农业生产过程中演变而成的，生产功能是其重要功能之一，不仅房前屋后种瓜种豆，还可以发展养殖业以及编织、纺织、食品制作、木工等家庭手工业。所谓"五谷丰登，六畜兴旺"就是以农家院落为特征的生产状态。

院落还具有存放农具、贮存农产品等储存功能，为农业生产提供保障条件。农家院落也是现代乡村产业融合的重要空间。2018年中央一号文件提出振兴传统工艺，培育一批家庭工场、手工作坊、乡村车间，这些与乡村休闲、度假等一起形成乡村多元化经济。一些乡村建设之所以失败，原因在于建设者不懂得乡村院落与多元化乡村生产的关系，为农民盖起新房子的同时，消灭了院落经济。因此，乡村建设必须清楚乡村与乡村生产的关系。

第二，农家院落具有生态与生活价值。农家生活大部分时间是在院落中度过的，院落是村民吃、喝、住、娱乐和民俗活动的重要空间，满足着人们对物质和精神的多方面需求。农家院落也是乡村的交往空间，是维系邻里关系的重要条件。生老病死、婚丧嫁娶、时令节日等诸多礼仪活动也以院落为空间依托。

农家院落还是乡村有机循环的重要节点，种植与养殖的循环，居民生产与生活的循环都在院落里完成，对维系乡村生态安全和农业可持续发展起着重要作用。如今很多乡村之所以出现类似城市的垃圾问题，重要原因之一就是因为忽视了农家院落的生态价值。

第三，农家院落的社会与文化价值。十九大报告指出，文化自信是一个国家、一个民族发展中更基本、更深沉、更持久的力量。中国人的文化自信源自于中华民族五千多年文明历史所孕育的优秀传统文化。人们常说乡村是传统文化的根，传统文化就存在于乡村的形态、建筑、生产与生活方式之中，其中农家院落是传统文化的重要载体。

农家院落是维系熟人社会的重要条件，诸如尊老爱幼、邻里互助、诚实守信等一系列优秀传统文化依托农家院落才能传承和保持。良好家风、淳朴民风、文明乡风也要以院落结构为载体。深入挖掘农家院落社会文化价值及其所蕴含的优秀理念、道德价值，有助于发挥其在凝聚人心、淳化民风中的重要作用。

第四，农家院落的教化与治理价值。乡村之所以被认为是天然具有教化功能的空间，农家院落、农家生活、村落公共空间等构成乡村教化体系，其中农家院落是基础。农家院落的开放特点，是形成熟人社会以及乡村监督、示范、模仿、舆论约束等教化途径的前提。在乡村开展好媳妇、好儿女、好公婆等评选表彰活动，用身边好人的典型事迹，弘扬真善美，只有在农家院落存在的前提下才更有效。有效的乡村治理，要充分利用乡村教化价值，没有了农家院落，乡村教化功能就会消失。

农家院落是乡村整体价值的缩影，没有农家院落，乡村就不成其为乡村。实践中由于人们不清楚村落和院落的价值，盲目按照城市建设的思路建设乡村，消灭了农家院落的同时也严重削弱了农业生产，影响了农民生活，破坏了社会与文化结构。因此，实施乡村振兴战略，认识和尊重乡村与农家院落价值十分迫切。

首先，要真正理解和落实习近平总书记强调的“在促进城乡一体化发展中，要注意保留村庄原始风貌，慎砍树、不填湖、少拆房，尽可能在原有村庄形态上改善居民生活条件”的深刻含义。农户院落是中国传统建筑的重要表现形式之一，也是乡村社会结构、文化结构得以存在的前提。它区别于现代城市的居民楼，带有浓郁鲜明的乡村风情。保留院落乡土特色的同时赋予其现代功能，可以避免“千村一貌”的乡村建设模式，让村落既有利于农民生产生活，又能保持田园风光和良好的生态环境，把农村真正建设成幸福美丽的家园。

其次，要通过乡村宅基地制度创新，激活乡村活力。中央农村工作会议明确要求破除一切束缚农民手脚的不合理限制和歧视。这其中包含了对农家院落价值的认识。2018 年一号文件对农民宅基地政策做出了重大调整，明确指出，要完善农民闲置宅基地和闲置农房政策，探索宅基地所有权、资格权、使用权“三权分置”，适度放活宅基地和农民房屋使用权，引导进城落户农民依法自愿转让宅基地的使用权。这样既可以促进乡村院落的有效利用，同时也可以发挥院落的社会文化功能，遏制乡村衰败。

其三，要给离开乡村的人留下一条返乡的路。从乡村走出去的人，无论是经商者、从政者，还是专家、学者，都可能成为新乡贤。在浙江等地，新乡贤返乡为家乡做贡献已经成为乡村振兴的重要力量。保留他们在乡村的院落，有助于新乡贤返乡创业、告老还乡，实现城乡融合，也是鼓励人才下乡的重要条件之一。

3. 对乡村认识的误区与对策

在乡村建设实践中，由于对乡村价值认识不足或存在认识误区，致使对乡村文化破坏和对农民利益伤害的现象十分普遍。如有关部门把农民的宅基地简单地界定为“集体建设用地”，看不到农家院落的经济、社会、文化价值。其实，农家院落从来就不是简单的一块地，更不是纯粹的建设用地，除了建房屋满足居住功能外，农家院落还是重要的生产空间和文化载体。

当乡村宅基地被用于建设用地“增减挂钩”时，一些人就产生了强烈的拆村动机，打农民宅基地建设用地指标的主意，严重制约着乡村振兴。以下几个现象应引起注意：

一是让农民“上楼”。无论是出于对乡村集体建设用地控制指标的动机，还是主观认为楼房集中居住比村落更文明，其表现都是拆农村。让农民集中上楼，成为很多地方乡村建设的模式。结果是乡村肌理消灭了，农民居住地远离农田，农具存放、农产品晾晒与贮存都成了问题，农业难以为继；农家院落消失了，养殖业和庭院经济也随之消失，乡村旅游、农家乐、田园综合体，发展融合产业等都失去了基本的空间条件。

二是收回非集体成员的宅基地。有些村庄以一些人口户籍不在乡村为由，不允许宅基地继承，不允许在宅基地上盖新房子或修缮老房子，人为切断人们返乡的路，成为乡村衰败的重要因素。

三是禁止农民宅基地交易，让宅基地废弃后再由集体收回。很多空心村房屋倒塌，宅基地和民房废弃而得不到利用，又不允许农民转让给非集体成员，任其自生自灭。从某种程度上说，是对宅基地功能认识的缺陷以及对乡村价值的不理解，已经成为影响乡村振兴的最大障碍因素。

由于人们不清楚农业生产与村落的关系，盲目按照城市建设的思路建设乡村，消灭了乡村的同时也严重削弱了农业生产，影响了农民生活。因此，实施乡村振兴战略，认识和尊重村落价值十分迫切。

村落和乡村庭院是中国传统建筑的重要表现形式之一，它区别于现代城市的居民楼，带有浓郁鲜明的乡村风情。既保留村落的乡土特色，又充分利用村落的现代功能，可以避免“千村一貌”“千镇一面”的乡村建设模式，让村落既有利于农民生产生活，又能保持田园风光和良好的生态环境，把农村真正建设成幸福美丽的家园。

中央经济工作会议强调，要健全城乡融合发展体制机制，清除各种阻碍下乡的障碍。中央农村工会议则进一步明确，破除一切束缚农民手脚的不合理限制和歧视。这其中包含了对村落综合价值的认识。

乡村是个复杂系统，乡村振兴是复杂工程，其复杂程度超出了人们的想象。因此，乡村振兴不可能一蹴而就，也不是一劳永逸的，不要指望一项措施、一个规划、一个政策就可以解决乡村振兴的全部，必须因地制宜、与时俱进地采用系统方法实现乡村振兴。当前，最为迫切地需要破除一切束缚农民手脚的体制机制障碍。给农民松绑，给农民选择的权力，给农民自己建设自己家园的自由空间。只有农民的积极性、主动性、创造性被释放出来，乡村振兴才有希望。千万不要为农民做主，不要越俎代庖，不要认为自己比农民聪明。要坚持尊重农民的智慧，尊重农民的首创精神，为农民振兴自己的乡村提供支持，而不是设置障碍，提供保障而不是制造麻烦。

我们相信，未来的农业会成为有吸引力的产业，未来的农民会成为受羡慕的职业，未来的乡村一定会成为人们安居乐业的美丽家园。

十人谈◎周　立

中国人民大学农业与农村发展学院教授

作者简介

周立，复旦大学经济学博士，清华大学管理学博士后。中国人民大学农业与农村发展学院教授、博士生导师。国家社会科学基金专项“乡村振兴核心机制研究”首席专家，兼任国家公共文化服务体系专家委员、中国银行家研究中心研究员、多部委政策咨询专家。提倡“实践经济”研究，主张以理论经济和实践经济的二分法，替代理论经济与应用经济的二分法。主持国家自然科学基金、国家社会科学基金等10余项课题，出版著作20余部。代表著作：《极化的发展》《中国各地区金融发展与经济增长：1978~2000》《金融排斥、金融排异与农村金融普惠》《食品安全与一家两制》。

【摘要】

中国乡村振兴需要解决乡村发展中的三大问题：不平衡、不充分和不同步。推动城乡融合发展，可以解决城乡差距过大的发展不平衡问题。推动一二三产业融合的产业兴旺，可以解决乡村发展不充分问题。推动“四化同步”，可以解决农业农村发展滞后等发展不同步问题。上述乡村振兴三大核心机制，首在产业振兴，产业兴则百业兴。促进产业振兴，需要面向以“四洗三慢两养”为主要特征的新需求，创造一二三产业融合的新供给，利用农业 4.0 时代培育六次产业新业态。共治共益体系是乡村振兴的一项新探索。

乡村振兴之道：核心机制、产业兴旺与共治共益

在决胜全面建成小康社会这一特定时期，提出实施乡村振兴战略，体现了中国现代化进程中的道路自信、理论自信、制度自信和文化自信。可以说，没有乡村的振兴，中国梦将永远是一个梦想；没有乡村的现代化，中国的现代化将永远是一个瘸腿的现代化。在这个不断创造“中国特色”式奇迹的时代，中国乡村振兴战略的实施，在现代化进程中，将为世界再增添一个同步实现乡村振兴的“中国之谜”。

一、问题与机制：不平衡、不充分、不同步

现代化进程中，无论是欧美等西方发达国家，还是日韩等东亚发达国家，

都走过了工业化、城镇化、信息化和农业现代化进程，也都不同程度地出现过乡村凋敝。步入工业化和城市化中期加速阶段的中国，也出现了明显的城乡差距过大、乡村治理失序、农业农村发展滞后等发展的不平衡、不充分和不同步现象。

中国的发展道路迥异于西方，已经带给了世界若干个“中国之谜”。十九大提出乡村振兴战略，将再一次为世界各国现代化进程中的乡村普遍衰落，提出有力回应，并有望打破世界各国现代化进程中乡村衰退这一“铁律”。

不过，在直面中国社会新矛盾，积极回应时代新挑战过程中，需要立足中国基本实践，学习汲取国际经验，积极展开对乡村振兴战略实施中不平衡、不充分、不同步这三大问题的三大核心机制的深度研究。

城乡发展水平差距过大，是中国发展过程中最大的不平衡。实施乡村振兴战略，就是为了推动城乡融合发展，解决发展不平衡的问题。十九大报告提出乡村振兴二十字总要求中的实现产业兴旺和生活富裕，主要还是通过城乡一体化的进一步实施来解决城乡收入差距过大，从而促进城乡均衡发展。

农村发展不充分，是中国最大的发展不充分。因此，在落实乡村振兴过程中，要推动农业农村优先发展，通过破解乡村治理困境来解决乡村发展不充分的问题。通过建立健全党委领导、政府负责、社会协同、公众参与、法治保障的现代乡村社会治理体制，健全自治、法治、德治相结合的乡村治理体系，从而实现乡风文明、治理有效。

农业现代化滞后于工业化、城镇化、信息化，即农业农村发展不同步问题，是中国最大的发展不同步问题。落实乡村振兴战略，就是要切实推进农业农村现代化，实现“四化同步”（四化：农业现代化、工业化、信息化、城镇化），农业现货，补齐中国现代化进程中的最大发展短板。通过城乡融合发展、共同富裕、质量兴农、乡村绿色发展、乡村文化兴盛、乡村善治、中国特色减贫这“七条道路”，摆脱乡村发展的不充分、不平衡、不同步，并走出一条具有中国社会主义特色的乡村振兴道路。

针对上述三大问题和机制，笔者正在主持国家社会科学基金专项课题“乡村振兴战略核心机制研究”。课题组认为：由于国情和发展阶段的巨大差异，欧美国家的乡村发展经验，很难对中国带来直接的借鉴价值，必须尊重中国国情，研究中国经验，做出中国探索。为什么要如此，具体原因如下：

一方面，欧美国家不可能产生一二三产业融合、发展壮大集体经济、小农户与农业现代化发展有机衔接等基本概念。因为它们的农业资源条件相对宽松，如美国农业劳动力耕地面积是中国的 357 倍，澳大利亚是 382 倍，加拿大是 590 倍，可以说，与我们国家的农业资源紧张的条件截然不同。因此，在欧美农业发达国家很难在产业兴旺、生活富裕等目标上，为我们国家乡村农业发展提供适用于我们的实际经验。中国的农业制度和土地利用方式，要远比西方国家复杂得多。

另一方面，欧美国家没有国家主导土地再分配的历史，政治背景也大不相同。如在美国、加拿大、澳大利亚，甚至没有村庄的概念。因此，其农业发展历史和乡村特征与我们有着显著差异，从而使得其对我们追求的乡村治理体系、农村集体产权制度、土地三权分置等方面，还有对中国乡风文明、治理有效等目标，难以带来可资借鉴的经验。

相反，亚洲各国和地区，尤其是东亚地区，在农业资源、发展历史、乡村特征等诸多方面，与中国有很强的相似性。亚洲经验，尤其是东亚地区经验，将对中国产生良好借鉴。日本、韩国、我国台湾等率先进入发达经济体行列，其中一个决定性因素，是在现代化进程中实施了名称不同但内容近似的乡村振兴战略，如韩国的新村运动、日本的新农村建设、我国台湾的社区营造等。

与亚洲经验相比，欧美国家在多轮具有乡村振兴内涵的政策推动下，更多注重乡村生态环境、自然资源保护和利用，以及乡村文化历史传承等方面的建设，通过基础设施和城乡服务的统一，稳步推进了城乡融合发展的进程。

十九大报告提出“综合分析国际国内形势和我国发展条件”，要求我们必须从中国基本国情出发，学习借鉴国内外多种乡村发展经验。课题组在进行国内外经验比较时，梳理了乡村产业振兴、农业农村优先发展、“四化”同步等发展轨迹，进一步印证了三大核心机制，并将其当作三大问题的解决办法。通过这种国际国内形势综合分析的办法，将会使得“摸着石头过河”的中国道路，走得更稳。

二、新时代：过剩经济与城乡中国

在物质短缺的时代，庞大的人口曾经被视为中国经济发展的沉重负担。然而，伴随近四十年来生产力发展的长足进步，人口越来越被看作是推动中国经济持续发展的最大动力。除了劳动力充分供给带来的人口红利之外，庞大人口规模，正带来巨量消费和服务需求的新人口红利。这是推动中国经济与社会持续进步的内需基础。

1. 过剩经济与供给侧结构改革

长期以来，困扰中国农业的主要矛盾是农产品总量不足。解决中国人吃饱肚子的问题，困扰了中国几千年。但是，从 1978 年以来，中国创造了一个“农业奇迹”。在“七山二水一分田”这种紧张的资源环境条件下，通过对外开放、制度改革、市场改革、技术进步等举措，极大促进了农业与乡村的发展，创造了举世瞩目的农业奇迹。

中国以不足世界 8% 的耕地面积，养活了约占世界 19% 的人口。2017 年末，仅国内人均粮食产量达到 444.2 公斤（千克），若再加上连年进口和肉禽蛋奶摄入量的大幅度增加，中国人的营养状况得到了全面改善。近四十年来，中国乡村居民纯收入持续增长，城乡居民人均收入的差距，在近十年已经开始出现逐年下降的局面。

尽管在总量上，中国农业取得了诸多重要成就，但同时也存在着长期的结构性矛盾。这种矛盾在近几年经济增速显著下降的“新常态”背景下，变得愈发凸显。

2017 年中央一号文件部署农业供给侧结构性改革时指出：农业的主要矛盾由总量不足转变为结构性矛盾，突出表现为阶段性供过于求和供给不足并存，矛盾的主要方面在供给侧。也就是说，中国农业结构性矛盾的核心问题是“供求错配”。

“供求错配”的一个突出表现，就是粮食的“三量齐增”问题，即粮食生产量、进口量和库存量同时上升。这种“三量齐增”现象，既反映出了低质供给和无效供给的供过于求，也反映出了优质供给和有效供给的供给不足；既反映出中国粮食的竞争力在国际市场上处于弱势，也反映出了中国粮食结构与消费需求的不匹配。换言之，“三量齐增”的基本现实，要求我们必须进行供求结构调整。

伴随工业品产能过剩三分之二以上，农产品也大范围过剩，农民增产不增收已经长期存在，在乡务农和进城务工这两大就业空间也已开辟殆尽。人多地少的基本国情农情，迫使我们不得不考虑发挥农业的多功能性，让农民分享全产业链的增值收益，开辟返乡下乡、创业就业的空间。

2. 城乡中国时代到来

20 世纪，费孝通先生提出的“乡土中国”命题，在如今城镇化中期阶段，已经转变为“城乡中国”的新命题。中国事实上已经进入“城乡中国”时代。

《乡土中国》中，费孝通以 30 多岁年轻人特有的锐气和基本经验，提出了许多对中国社会非常有解释力的概念，比如“差序格局”“四种权力”“礼俗社会”等，时至今日，仍颇为贴近中国实际。其中贯穿全书的“乡土中国”

概念，更加是中国几千年社会特征的总括。其中至少有三个内涵：一是乡村人口占绝大多数，二是农民被生产的土地黏着，三是社会生活的终老是乡。

我们毕竟生活在一个千古未有之大变局的时代，近四十年工业化、城镇化的快速推进，使得费孝通提及的“乡土中国”的三个内涵，都发生了根本性转变，以至于我们必须提出“城乡中国”这个新命题。

第一，乡村人口不再占大多数，而是城乡各半、各占半壁江山。2017 年末，城镇常住人口占总人口比重，即城镇化率为 58.52%。对这一数据尽管学术圈议论纷纷，但无论怎样计算，城乡人口数量都很庞大（各占 6 亿 ~ 8 亿），城乡各半的基本格局，是一个已经形成并将长期存在的基本事实。这使得我们在看待问题时，不仅要看到一个“乡土中国”，也需要看到一个“城市中国”，而目前我们处在一个长时期的过渡地带——城乡中国。

第二，农民生产不再以土地产出为主，而是收入多元。农民在生产上不再是土地黏着，农业收入不再成为农民收入的主要来源。就外出务工人口而言，第一代农民工，与土地和农村社区还有千丝万缕的关联，他们的大多数最终选择了返乡、务农。但占比已经超过一半的第二代农民工（出生于 20 世纪 80 年代之后的农民）已经成为主力军，虽然保留农民身份，但他们一进入劳动年龄，就开始离理农事。他们是实实在在的“离土又离乡”。

第三，社会生活已经高度流动，不再终老是乡。城乡往返的候鸟式生活，高度流动和相对分化的农村社会，以及特殊的留守经历，使得第一代农民工城乡两栖，从流而不迁，到流而复返。第二代农民工在空间上脱离了农村社会，在感情认同上对农业生产、农村生活、农民身份等都有较深隔阂，客观层面上的关系纽带和主观上的感情认同，都脱离了传统的乡土中国。

以上三点内涵变化，使我们必须认识到，我们已从“乡土中国”时代，进入“城乡中国”时代。也使得乡村振兴道路，不能只从农业内部着手，必须从城市和乡村两端发力，将乡村一二三产业的正三角形配置，以及城市的倒三角形配置相结合，形成城市新需求和农村新供给的有效结合，满足人们日益增长的美好生活需要。

三、面对新需求：发现乡村新价值

进入“城乡中国”时代，一个显著标志是市民下乡人次越来越凸出，有的是返乡创业，有的是下乡休闲，有的则将乡村当作新的旅行度假目的地。伴随逆城市化现象的出现，乡村与田园被赋予了新的价值。其中，“四洗三慢两养”成了乡村新价值与乡村满足人们美好生活需要的新的代名词。

先说乡村价值的“四洗”功能。首先是喝乡村天然的水，吃上生态的饭，可以“洗胃”；其次是呼吸田园乡村中新鲜的空气，可以“洗肺”；第三是通过下乡看乡村周边的青山绿水，可以“洗眼”；第四是乡村中的生活比较闲适，能够舒缓城市人高度紧张的人际关系，还能促进文化教育、亲子关系与家庭和睦，因此可以“洗心”。当下每逢双休日和节假日大规模的城里人之所以选择出城下乡休闲或度假，就是这一需求的具体体现。

市民下乡的“洗胃、洗肺、洗眼、洗心”，与国际上兴起的“三慢”运动，密切相关。所谓乡村新价值中的“三慢”，是指城市人选择在乡村生活，可以享受乡村百姓们的“慢食、慢村、慢生活”。与“快餐”文化相反的“慢食”运动，自 1986 年设在意大利的国际慢食协会推动之后，已经成为享受美食和美好生活的全球性运动。与慢食运动相关联的“慢村”或“慢城”，也在各地星罗棋布地出现。

“慢食运动”让人们不断反思自己当下的城市生活，关注食品、美食的乐趣以及缓慢节奏的生活，并由此发展出一系列的“慢生活”方式。慢，就是提醒人们要放缓脚步，享受美好生活。如今，国际慢食协会会员已经遍布全球 160 多个国家，越来越多的人加入以慢食为核心的生活实践。

乡村新价值中的“两养”，是指乡村提供养老、养生空间，帮助城市人安度退休和休闲时光，实现与自然共生、与社会和谐。生有所养、老有所依。中国有世界上规模最大的中等收入群体，也有世界上规模最大的老年人口。随着老龄化社会到来，大量家庭及老人渴望有宽敞、恬静的绿色养生养老场所，城市住房空间狭小、人群密集、交通堵塞、环境嘈杂，让许多人产生在乡村休闲养生、健康养老的向往。

同时，伴随农村劳动力转移，大量农村房屋闲置，农村土地陷入自己“用不上、用不好”的困局，还要不断进行投入，以维持房子的基本功能，可以说，闲置房屋已成为农民的负资产。如何才能让乡村空置的房屋与耕地产生新的价值，为农民带来新的受益？对此，当下已经有了各种尝试，其中如何将城市人的养生、养老需求，和农村闲置资源供给形成有效衔接，已经开始成为地方政府、返乡企业与部分村“两委”共同关注的热议话题。由“四洗、三慢、两养”所产生的乡村新需求，粗略估计，每年会超过 12 万亿元，而由此拉动的经济增长、农民就业、增收、减贫和农村可持续发展，不可限量。

我们测算“四洗、三慢”的需求数额，有两大依据：一是根据汽车保有量。二是根据新崛起的中等收入群体。我们认为“四洗、三慢”的市民下乡新潮流，主要是由中产阶级群体的需求拉动的。

对于乡村“两养”的新需求，很难估计。这很大程度上取决于政策的变化，若能顺应需求，利用十八届三中全会以来推动的农地入市的“三块地改革”，以及集体建设用地建设租赁住房试点、支持返乡下乡人员创业创新、促进农村一二三产业融合等政策，促进城乡资源的良性互动和一二三产业融合，这些需求就能转化为有效供给。

农村集体建设用地面积，远远大于城市，如仅仅对比建设用地面积，就已经大于城市面积。若对比房地产投资在 2017 年带来 11 万亿元的增加值，比房地产业范围更广、体量更大，更能体现人们对于美好生活需求，以及乡村振兴内涵的养生养老产业，将会带来远大于 11 万亿元的消费需求。

以当前 2.4 亿老年人口为例，即使只有三分之一退休老年人愿意下乡在乡养老，就有 8000 万人，以每人 15 万元的养老住房投入核算，就有 12 万亿元的投资需求。若再考虑 3 亿人以上的中等收入群体养生需求，以及返乡下乡人员每年在农村生活带来的至少 1 万亿元以上的消费与服务需求。这一数额将更加庞大。伴随收入提升和老龄化程度的提高，需求还将日益显化。

仅以“两养”保守估计的 11 万亿元和“四洗三慢”1.7 万亿元的需求核算，每年创造的 12.7 万亿元的新需求，对于中国经济增长的拉动，乡村产业振兴的推动，脱贫攻坚战略的实现，以及促进人们美好生活需求和不平衡不充分矛盾问题的解决，都是显而易见的。

四、创造新供给：一二三产业融合

我们曾经仿照工业 4.0，论证农业 4.0 时代的到来。为了更好地理解农业 4.0 时代，我们首先要弄清楚何为农业 1.0 时代，何为农业 2.0 时代，何为农业 3.0 时代。

参照西方发展经验，农业的 1.0 时代是指一产化农业，某种意义上也可以理解成传统农业，是自古以来就有的农业类型。由于一产化农业的生产受自然条件影响大，是典型的“靠天吃饭”的农业。

农业 2.0 时代主要是指二产化农业，即以工业化、机械化为主要劳作手段的农业。在农业 2.0 时代，人们将农业生产链条逐步延伸至加工、储藏、运输、销售等环节。这一阶段的主要特征是“靠地吃饭”，农民在这种工厂化农业模型下，扮演了产业技术工人的角色。

农业 3.0 时代主要是指三产化农业，其以提供休闲、采摘、体验、参与等服务为主要特征，是以第三产业的方式来经营农业。农民在农业 3.0 时代，扮演的角色是服务者，主要特征是“靠人吃饭”，需要人气的积累，依托农业做服务。

农业 4.0 时代，是超越了单一产业范畴，形成一二三产业融合的综合型农业。通过一二三产业叠加，创造新供给的“加法效应”，以及一二三产业融合，催生新业态的“乘法效应”，进行农业的深度交叉融合，通过第六产业，实现集生产、生态、生活与生命为一体的“四生农业”。

生产性和生态性是基础，生活性是核心，生命性是灵魂。农业 4.0 时代，农民集生产者、技术员、服务员、销售员等身份于一体，让农业成为一种全新的生活方式，与互联网甚至区块链的扩散效应相结合，主要特征是“靠脸吃饭”。农业 4.0 时代，体现了人与自然、人与人和谐相处的更高境界，代表着农业发展的新产业、新业态、新模式，与生态文明建设相适应，代表着农业发展的新方向。

十九大在乡村振兴战略中提出二十字的总要求，顺应了新时代中国乡村社会的现实发展需求。其中，将“生产发展”升级为“产业兴旺”，说明乡村振兴战略对农村产业发展提出了更高的要求，即突出发挥农业多功能性的产业融合发展。这为探寻乡村衰落的出路，提供了更具创新性和操作性的战略视角。

经济学理论往往将产业发展一分为三，以农林牧渔为主的产业被视为第一产业。这种产业分割具有明显的局限性，从根本上忽视了农业内在的多功能性。事实上，农业除了提供农产品产出的经济功能外，还有国家粮食安全保障、农村文化遗产与生态环境保护、生物多样性、农民就业等社会、文化和环境多种功能。

在产业分割的视野下，乡村农业的经济功能被不断放大，而政治、文化、社会和生态功能则被忽视，无法实现其自身价值。进而产业之间展开了一场残酷的、全球范围内的以自由贸易为基本手段的所谓“自由竞赛”，乡村农业被迫与二三产业同台比武打擂，竞争各种生产要素，并将人多地少的中国和东亚地区农民、人少地多幅员广阔的西方发达国家，以及拉美印度等地的农民，赶进了同一座罗马竞技场。

而在竞赛过程中，乡村农业对自然的依赖、缺乏经济弹性的供求，以及市场刚性需求等弱质性产业特征，使得作为第一产业的投资风险增加，让大多数乡村农业领域的从业者失去获利甚至谋生的可能。于是，其投资收益回报，也不可能高过以工业为代表的第二产业，以及以服务业为代表的第三产业。在这样的背景下，第一产业自然败下阵来，中国人多地少资源有限的地区，不得不在农业与农村发展道路上，另辟蹊径。

可以说，产业之间出现的分离与隔阂，导致了乡村农业多功能性被忽视。从事乡村农业的收入降低与进城务工的收入提高，最终导致乡村无力挽留原本长居农村的人口，加剧了自身的进一步衰败。

因此，在破解乡村衰落难题时，我们有必要采用超越产业分割局限的政策视角，从战略层面推进乡村振兴。具体应该如何做呢？其首要目标是建立和创造符合当地实际情况，体现农业多功能性的产业融合体系。

在全面决胜建成小康社会的新时代，城市居民消费加速升级，产生了大量对农业多功能性的新需求。乡村优质的食物、清新的空气、优美的景观、健康自然的生活方式，以及令人向往的乡村文化和风俗体验，都对城市居民产生了新的吸引力。进而人们对于乡村农业多功能性的认识，也随之不断加深。

但是，目前中国的乡村，普遍缺乏满足这类新需求的供给能力。因此，提升乡村新供给的能力，以满足城市居民的新需求，就成了促进农村产业融合，培育新业态，重拾农业多功能性的重要切入点。如此做，不仅能够让乡村有能力供给充足的食物，还形成了新能力，可以满足城市居民对于休闲旅游、文化教育、生态环境等对于农业多功能性的新需求。在创造新供给过程中，农业就不仅仅是一个经济业态，更是包涵了社会、文化和生态在内的，具有多种功能的新业态。换句话说，乡村产业振兴将会超越第一产业本身，培育一二三产业融合的新业态。

这个过程，一方面有利于促进当地农民和本地产业发展的有机结合，实现农民的本地甚至本村就业，直接增加农民收入；另一方面，产业的延伸与融合，也能使得农民在农业领域的创业、创新机会越来越多，新业态的发展空间将会越来越广阔。两个方面相互促进，共同推进乡村产业振兴。

因此，在解决乡村衰落的难题的过程中，应当满足新时代所带来的新需求，通过促进乡村产业融合发展，重新发挥农业的多功能性，创造新供给，培育新业态，做出新探索，以实现乡村产业振兴。

五、培育新业态：日韩经验与六次产业

面对乡村衰落，全球各国都在不同程度上，从战略层面给予了足够多的重视，并从自身条件出发，尝试推进了各类促进“乡村振兴”的政策。下面我们重点讲一讲与中国农情近似的日韩地区在乡村振兴过程的具体做法，及值得借鉴的经验。

东亚地区的日本和韩国，在农业资源、发展历史、乡村特征等方面，与中国有很强的相似性。因此，在推进乡村发展战略的过程中，学习和借鉴日韩的乡村振兴政策与实践具有重要价值。借助日韩促进乡村产业融合发展的经验，可以使得我们“摸着石头过河”的中国道路，能进一步发挥后发优势，得到更多的理论和国际经验支撑。

二战后，日本和韩国经历了高速现代化，但随之暴露出的一系列问题，让两国相继意识到乡村发展的重要性，并先后推出了名称各异的乡村振兴政策。日本和韩国将自身通过乡村产业融合而培育的新业态，称为六次产业。其理论概念最早由日本学者今村奈良臣在 20 世纪 90 年代提出。他

认为，六次产业是以地域单位为主导，发展农业生产后续的综合加工、开发和销售以及农村观光的复合型方式推动的产业，其目的是为了农村农民增收。

日本的乡村振兴政策始于新农村建设运动，它分为三个阶段（表三），前两次的新农村建设运动，为乡村振兴和随后的乡村产业融合奠定重要基础。20 世纪 90 年代末，日本开始新一轮的农村振兴实践。2010 年前后，日本政府将发展六次产业作为乡村产业振兴的核心，并随之建立起一套对应的扶持体系。2011 年，日本设立《六次产业化法》，确立产业融合政策的法律地位。截至 2015 年，日本六次产业的年均增长率一直保持 3%~5% 的区间。

表三　日本新农村建设与产业融合发展

时间	阶段	具体政策措施	产业融合发展
1956~1962 年	第一次新农村建设	确定推进新农村建设的区域，推动农户的联合经营，建立农村建设体制机制，加大资金和技术扶持力度	实行“一村一品”，发掘乡村中的特色资源和产品，重点培育和扶持以该“品”为基础的产业
1967~1979 年	第二次新农村建设	推进区域发展，加大资金扶持力度，加强基础设施建设，鼓励城市产业向农村发展	配套政策和资金以及公共设施和服务，促进产业融合
2010 年	乡村产业振兴	开始推进产业融合的六次产业计划	正式提出六次产业，振兴乡村产业，提高农民收入水平

资料来源：日本乡村振兴相关资料调查和研究总结

从新村运动开始，韩国的乡村振兴实践，已经连续开展超过四十年。这些实践可以分为四个主要阶段（表四）。从表中可以看出，韩国通过兴建基础设施和完善公共服务，改善乡村生活环境和农业生产能力，为随后二三产业的兴起，奠定了基础。

表四　韩国新村运动与产业融合发展

时间	阶段	具体政策措施	产业融合发展
1971～1976年	基础设施建设	政府组织农民改善居住条件，并改良农业生产品种。自1970年冬季开始，政府无偿提供基建物资，激发农民自主建设新农村的积极性	通过改善农村环境，补齐公共设施短板，为发展三产奠定基础
1977～1980年	充实提高	从政府主导转变为社会自发。鼓励发展农产品加工业和特产农业，政府侧重发展农村金融业、流通业	促进农业多元化经营，特色农业在发展过程中，开始尝试产业融合
1981～1988年	社会管理	政府构建体制机制，社会组织则承担和完善了新村运动的组织工作	社会活力的释放，在乡村中培育出大量新业态
1988年以后	自我发展	政府侧重社区文明建设与经济开发，同时，出现农村综合开发、六次产业研究等对应产业融合的组织机构	新产业为六次产业发展提供配套服务，实现基于农业多功能性价值增值

资料来源：本文课题组2017年赴韩国清道郡（新村运动发源地）所获的调研资料整理

进入20世纪90年代后，韩国政府通过转变政府职能，提升社会管理水平，激活了社会自我发展能力，促进了产业的融合。在2010年前后，韩国政府开始正式为乡村产业融合提供更高效的政策支持，通过推广“农工商＋政产学研”合作模式，在乡村发展过程中，大力推广六次产业，实现基于农业多功能性的价值增值。韩国基础设施建设基础上的产业融合发展，对中国新农村建设曾产生影响，并对新时代的乡村振兴战略，提供有价值的国际经验。

在日韩两国的实践中，均通过农村基础设施和公共服务均等化，奠定产业融合的基础。随后，政府主导的产业政策，开始强调产业融合对乡村产业振兴的重要性。在 20 世纪 90 年代末，两国先后出现了六次产业的实践，将乡村产业融合发展推进到新阶段。

以发展六次产业为代表的乡村产业融合政策，是与中国农情类似的日韩两国，在推动乡村产业振兴，推进乡村振兴的最新实践。从中国与日韩的发展阶段对比看，中国进入新时代之后对乡村形成的新需求，与日韩最初推动六次产业发展时，城市居民对于农业多功能性的需求很相似。因此，借鉴日韩两国在六次产业形成过程中的经验，有助于探索中国的乡村产业融合道路，促进乡村振兴战略的落实。

六、做出新探索："共治共益"体系

在新的发展时期，若要实现农业 4.0 时代，需要探索新机制。其中，我们参与的"共治共益（SPGS）体系"新探索，能够植根中国本土，面向全球视野，体现中国自信，走出中国道路。

共治共益(SPGS）中的第一个字母"S"包含三重含义，即 Synergism（协同共治）、Sustainability（可持续性）、Safety（安全）。"共治共益"（SPGS）全球安全食品责任信用体系（以下简称"共治共益"体系）的建设，由设在北京的全球安全食品生态建设协同中心发起，联合了北京 11 家机构研发。"共治共益"借鉴 PGS（PGS 是国际上早已兴起的参与式保障体系，是国际有机运动联盟发布的第三方认证。）多方参与的理念，将"食品安全社会共治""多方参与共同受益""人与自然和谐共生"的中国特色、中国智慧融入其中，形成"共治共益"新方案。

这一方案将食品全产业链的多方行动主体重新组合，有两大核心机制：一是反馈完善机制。通过主权区块链技术，形成各方忠实履行食品安全的共识机制，信息不断反馈确认，带来“共治”效果。二是利益引导机制。从组织架构上设定全产业链收益共享，通过区块链“行为挖矿”，确立守信激励机制，带来“共益”效果。

这一体系已经协同了国际有机运动联盟、联合国契约组织、国际CSA联盟、广西有机协会、新疆生产建设兵团有机协会等国内外3000多家机构，有力促进了社会力量参与食品安全治理。这一组织能够调动各方力量，在既有规则下督促各方忠实执行食品标准，实现中心化监管。其中的安全食品链项目，已作为信用大数据创新应用试点示范项目，在北京市社会信用体系建设联席会议办公室编制计划之中，成为北京市区块链应用样板项目。这一体系已有2000多家生态农场、生态餐厅、有机超市、消费者社群等“上链”，遍布20个省的200多个城市。

预计未来三年内，将有超过10万家企业、50万个消费者社群、1500万个家庭上链，依托生态食品生产，将带来1亿亩以上耕地的生态修复。这些“上链”的实体，都将成为参与食品安全治理的社会力量，在底层规则的框架下忠实执行食品安全标准，促进食品体系的健康发展。

“共治共益”体系可以扩充到食品安全、乡村旅游、产业发展等多个领域，促进“四洗三慢两养”的“一融”，成为利用区块链新技术基础上的模式创新的新探索。为实现乡村振兴，有效扩大内需，创新安全食品共识体系，引领人类命运共同体的建设，做出中国贡献。

1. 关于“共治”调研与发现

为改变“十几个大盖帽管不好一桌菜、七八个部门管不好一头猪”的多头管理、相互推诿局面，形容为“一龙管水”的大部制改革，在近些年提上议事日程，并在实践进展之中。然而，并不存在“万灵药”，单一政府途径或单一市场途径，都不能解决复杂的公共事务治理问题。近年来，构建企业自律、政府监管、社会协同、公众参与、法治保障的食品安全社会共治格局，为破解食品安全治理难题提供了新的思路。

新修订的《食品安全法》，也明确了“社会共治”的制度安排。但如何才能有效调动各方力量，推动食品安全治理的社会参与呢？在这一问题上，全球安全食品生态建设协同中心做出了前瞻性探索，其推出的共治共益体系，通过重塑消费者责任和信任、包容多元化标准、推动参与式保障体系、引入区块链技术、理顺各方利益分配机制，来实现食品安全治理的共治共益。

通过调研，我们发现，SPGS 责任体系主要从以下三个方面来推动食品安全治理的社会参与：一是从组织架构上，确定共治主体的责任边界和权力边界；二是从技术上，使用区块链技术实现分布式组织和中心化监管，督促各类群体忠实执行 SPGS 责任体系；三是从文化上，重塑消费者责任意识，通过消费者的“用脚投票”来倒逼食品行业革新。

食品安全治理的社会参与，是一种集体行动。集体行动常常面临搭便车困境，如何化解这一困境？“共治共益”责任体系在组织架构设计上，首先确定了各类共治主体的角色和位置，明晰责任、发挥专长、束缚权力。

如下图一所示，这一组织架构，明晰了各类共治主体的责任边界，让专业的组织和个人做自己擅长的事情，使得“共治共益”体系在财务、管理、食品标准多元性、专业机构参与性、消费者教育和本土化等方面得到可持续运行。同时，在确立各方权力边界的同时，有效促进了资源协同。

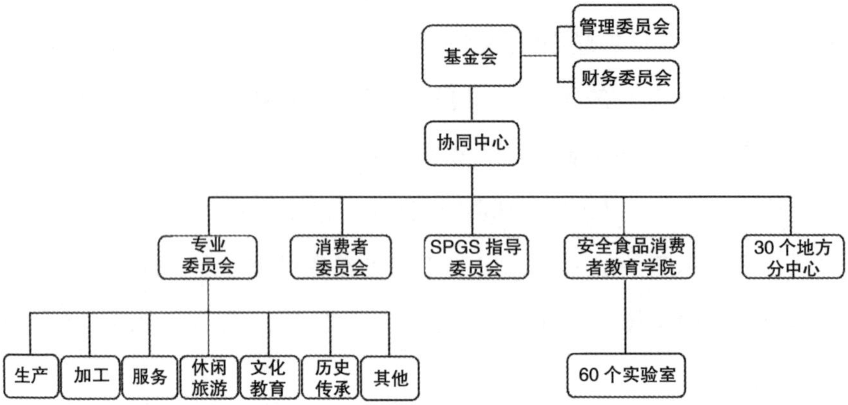

图一 SPGS 责任体系的组织架构

2. 区块链技术，促进食品安全标准忠实执行

食品市场中的信息不对称，是食品安全生产事件频发的重要原因。区块链技术分布式记账、不可篡改的技术特点，天然契合于食品场景。SPGS 开创性地将区块链技术应用于食品行业，推出了安全食品链项目，该项目已经获得北京市经济信息委员会的批准，成为北京市区块链应用样板项目。

区块链将成为人类历史的一个关键技术节点。从 2009 年比特币项目诞生至今，区块链技术已经发展了九年。比特币实现了一个去中心化的交易系统，并形成一个不依赖第三方提供信用背书的交易体系（如当前食物标准的认证认可体系）。区块链在技术上实现了去中心化，在现实中呈现为分布式组织和中心化监管。

“共治共益”责任体系推出的安全食品链项目，在食品场景下应用区块链技术，使得各类在地化 PGS 小组、消费者社群、农场和企业能够“上链”，存储并奖励真实的生产和消费行为，甄别优劣，驱逐食品体系中的“李鬼”，助力食品安全的有效治理。

消费者群体是食品产业链的最后环节，SPGS 强调重塑消费者的责任意识。

引导消费者从物美价廉的理念，转向优质优价的公平贸易理念。通过消费者“用脚投票”，推动优胜劣汰的市场机制发挥决定作用，倒逼行业革新，保证食品安全。

“共治共益”鼓励消费自发组织成立多种形式的消费者 PGS 小组，包括有机农夫市集、消费者合作社、PGS 小组等。经合规审核委员会审核，符合要求的消费者参与式保障组织，可获得见证资格，并有权出具“共治共益”见证报告。“共治共益”体系将对参与其中的产业链各相关方进行综合性评分，并形成一个总“共治共益”保障评分和三个子评分的结果，支撑合规方在新安全食品产业链中的资源配置，具体的因子权重由消费者 PGS 小组共同商议。

3. 关于“共益”的创新性激励

在初期，分布式 PGS 组织通过“PGS 见证方式”获得工作量证明，意见领袖通过专业化贡献获得影响力证明，产生新的“数字资产”奖励；在中期，作为生态农业的底层协议，将支持农场、民宿的数字资产交易，开创全球化生态农业系统；在远期，“数字资产”证明将挂钩“化学物减投额”，成为全球通用的数字资产，并进而将全球耕地、牧场、渔场、民宿、城市提货点等物理资源权益化、数字化，在可持续发展相关的行为领域发挥通证经济作用。

由此，安全食品链项目实现了食物体系公共权益的全球化投资、交易、管理，为全球农业走出化学投放污染、帮助全球消费者获得生态有机食品，实现土地、水、空气资源的生态环境修复及资源优化管理，提供可行的社会平台。

通过“共治共益”体系，各类社会力量和资源得以有效整合，实现了食品安全社会共治。同时，各类共治主体也共同受益于安全食品链项目，分享健康食物体系的成果。

对于政府来说，社会力量的参与，形成了一种分布在各个角落的全包围式地“弱监管”，与政府的“强监管”形成优势互补，增强了食品安全治理的总能量。

对于市场来说，社会力量的参与，特别是消费群体的参与，促进了市场的优胜劣汰机制，好的企业被识别出来，坏的企业也曝光出来，区块链技术的不可篡改性，增强了这一优劣甄别机制的制度信任属性，促进食品市场健康有序发展。

对于社会力量本身来说，无论是消费者、公益机构还是行业专家，有了更广阔的施展空间，在食物体系中凸显了自身话语权。

安全食品链项目的利益分配机制，实现了“当好人，做好事，得好报”。各类群体在 SPGS 这一体系的指引下，共享一个更加健康的食物体系，营造更加协同、和谐的社会共治格局。

乡村振兴核心机制、产业兴旺和共治共益体系的研究探索，是中国特色的乡村振兴之道。在核心机制上，乡村振兴需要解决乡村发展的不平衡、不充分和不同步问题。推动城乡融合发展，可以解决城乡差距过大的发展不平衡问题。推动一二三产业融合的产业兴旺，可以解决乡村发展不充分问题。推动“四化同步”，可以解决农业农村发展滞后等发展不同步问题。上述乡村振兴三大核心机制，首在产业振兴，产业兴则百业兴。促进产业振兴，需要面向以“四洗三慢两养”为主要特征的新需求，创造一二三产业融合的新供给，利用农业 4.0 时代培育六次产业新业态，并借鉴日韩等国的六次产业发展经验，以推动产业兴旺。我们参与的共治共益体系（SPGS），植根中国本土，面向全球视野，体现中国自信，走出中国道路，是乡村振兴的一项新探索。通过实施以乡村产业振兴为引领的乡村振兴战略，能够促进生产要素更合理配置，催生新业态、发展新模式、拓展新领域、创造新需求，促进乡村产业兴旺，加快农业转型升级步伐，使中国在这个不断创造奇迹的时代，通过中国特色乡村振兴战略的实施，再为世界增添一个现代化进程中，同步实现乡村振兴的“中国之谜”。

十人谈◎徐祥临

中共中央党校经济学教研部教授

作者简介

徐祥临，中共中央党校经济学教研部教授，博士研究生导师，中央党校创新工程（高端智库）“深化农村改革”项目首席专家。长期在中央党校各主体班主讲农业农村发展问题。在东京大学研究日本农业经济理论与农业经济体制，累计3年时间。全面研究了中国二元经济结构问题，研究发现，毛泽东比刘易斯更早深刻地认识到中国的基本国情具有二元结构性质。提出转变中国二元经济结构，要从解决农村货币供给不足问题入手，把农民组织起来。注重理论联系实际，亲自创办农民合作社，为多个地方农村改革发展提供咨询意见，产生了实际效果。对全国农村改革发展政策建议多次受到高层领导重视。代表著作《三农问题论剑》，发表论文《运用农村包围城市道路精髓转变二元经济结构》等。

【摘 要】

习近平总书记从农民和土地的关系、农民和市场的关系两个方面，对深化农村改革进行了顶层设计，开启了城乡融合发展新纪元。农村基本经营制度既能保障耕者有其田，又能做到土地所有者、经营者、劳动者三者利益的和谐统一，是乡村治理有效的坚实经济基础。如果把党的领导作为乡村振兴的政治前提，单纯从经济体制的角度看，就是“双层经营＋三位一体”——宜统则统、宜分则分、统分结合的双层经营，生产合作、供销合作、信用合作“三位一体”的农民合作综合体。“双层经营＋三位一体”城乡融合发展机制体制既讲公平又讲效率。“三位一体”综合合作体系能够有效实现小农户与现代农业发展有机衔接，为农户提供生产生活全方位服务。

城乡融合发展体制框架：双层经营 + 三位一体

习近平总书记在十九大报告中提出“实施乡村振兴战略”。从十九大报告文本的结构安排上看，乡村振兴属于“建设现代经济体系”的重要组成部分。那么，如何实现乡村振兴？或者说，如何让农业农村经济成为现代经济体系的有机组成部分？十九大报告提出：按照产业兴旺、生态宜居、乡风文明、治理有效、生活富裕的总要求，建立健全城乡融合发展体制机制和政策体系，加快推进农业农村现代化。在这里，“城乡融合发展”是对现代农业农村体制机制的基本要求。

接下来问题是，什么样的体制才能确保城乡融合发展呢？再联系到十九大报告，以及回顾十八大以来“全面深化改革取得重大突破”时给出的一个重大判断，即“主要领域改革主体框架基本确立”，那么，我们就必须搞清楚，十八大以来，习近平总书记为农业农村这个“全党工作重中之重”领域确立的主体框架是什么。2018 年 9 月 21 日中央政治局第八次集体学习，专门讨论乡村振兴问题，习近平总书记强调：党中央已经明确了乡村振兴的顶层设计。显然，深化农村改革的主体框架与乡村振兴的顶层设计具有同一性。

本文试图围绕上述问题抛砖引玉，得出一个基本结论，即我国新时代城乡融合发展体制框架有三个制度要点：一是党的领导要不忘初心，二是巩固和完善农村基本经营制度，三是构建“三位一体”农民合作社体系。如果把党的领导作为政治前提，单纯从经济体制的角度看，城乡融合发展的主体框架或顶层设计就是“双层经营 + 三位一体”。

一、习近平总书记深化体制改革顶层设计的一般方法论

十九大之后，人们都在讲乡村振兴。在这个过程中，稍微细心一点就会发现，对于习近平总书记有关“三农”问题的同一个论断，不同的学者和官员有不同的解读。按照不同的解读推动农业农村工作，会有截然不同的做法和后果。那么，如何判断哪一种解读符合习近平思想呢？这是实施乡村振兴战略必须面对的理论与实践紧密结合在一起的实际问题。

农村经济是国民经济的重要组成部分，农村经济体制改革必然置于全面经济体制改革的整体之中。所以探讨习近平对农村经济体制的顶层设计，首先要搞清楚他领导我国全面深化改革的顶层设计，这是从方法论层面理解习近平领导农村经济体制改革的逻辑起点。梳理十八大以来习近平有关全面深化改革的丰富论述，我们会发现，以下几个原则是必须遵循的。

1. 既不走封闭僵化的老路，也不走改旗易帜的邪路

中国在世界上人口最多，中国共产党在各国政党中党员队伍最大。习近

平作为这样的大国大党领袖，对于举什么旗、走什么路的问题格外重视。在庆祝中国共产党成立 95 周年大会上讲话中，习近平重申了胡锦涛同志在十八大报告中为深化改革规定的正确方向：既不走封闭僵化的老路，也不走改旗易帜的邪路。

中国共产党能够取得中国的领导权，靠的是正确选择了农村包围城市的革命道路，也就是以“耕者有其田”为目标，组织动员农民进行土地革命。但对于中国实现伟大复兴而言，正如毛泽东所说，“这只是万里长征走完了第一步”。新中国成立后，如何巩固“耕者有其田”的民主革命成果，如何实现农业现代化，是摆在中国共产党人面前的历史性新课题。

粗线条地概括新中国成立以来近七十年中国共产党领导农村的社会主义革命与建设，取得的制度性成果有两个：一个是以毛泽东为核心的第一代领导集体创立的农村集体经济制度，另一个是以邓小平为核心的第二代领导集体创立的农村基本经营制度。相对于最初建立起来的农村集体经济制度而言，农村基本经营制度就是“既不走封闭僵化的老路，又不走改旗易帜的邪路”的典范。

以当今中国经济学界流行的制度经济学原理阐释我国的农村经济体制改革历史过程，可谓是路径依赖。当然，习近平领导中国的改革创新，不会拘泥于制度经济学原理，因为他始终对中国共产党的旗帜与道路充满自信。

2. 坚持以人民为中心的发展思想

习近平总书记在十八届中央政治局第二十八次集体学习时发表重要讲话，指出：“坚持以人民为中心的发展思想，这是马克思主义政治经济学的根本立场。”“要坚持把增进人民福祉、促进人的全面发展、朝着共同富裕方向稳步前进作为经济发展的出发点和落脚点。”

习近平的这一重要思想体现在农村经济体制改革的顶层设计中，正如他

2016 年 4 月 25 日视察农村改革主要发源地小岗村后召开农村改革座谈会明确要求的那样，就是“让农民尽快富起来”。中国要强农业必须强，中国要美农村必须美，中国要富农民必须富。所以能否让农民尽快富起来，是判断农村经济体制是否科学、是否具有制度优势的实践标准。

3. 问题导向

强化问题导向，是习近平总书记治国理政的鲜明特征。党的十八大以来，习近平发表的系列重要讲话，深刻回答了新的历史条件下党和国家发展面临的一系列重大理论和现实问题，贯穿着强烈的问题意识和鲜明的问题导向。

习近平指出，我们中国共产党人干革命、搞建设、抓改革，从来都是为了解决中国的现实问题。为了推动农村改革，习近平多次明确指出现阶段农业农村发展面临的新问题，并且把基本问题概括成“农业是‘四化同步’的短腿，农村还是全面建成小康社会的短板”，这个基本问题除了继续表现为农业基础薄弱、农民增收缺乏可持续性之外，还表现为谁来种地、如何确保农产品质量安全、如何脱贫攻坚、如何进行乡村治理等一系列过去不曾有过的新问题。解决这些问题的着眼点和落脚点，都在于“增强农业农村发展的内生动力”。

上述三个原则也可以统一到十九大报告的基本精神中去，那就是“不忘初心，牢记使命”。这是在告诉我们，解读习近平新时代中国特色社会主义思想，必须从毛泽东思想、邓小平理论等我们党的基础理论中找到源流和依据。具体到农业农村经济体制顶层设计，对农村改革前后创立的社会主义制度要兼收并蓄，而不是相互否定。

依据上述认识梳理出习近平“三农”思想，本文认为，科学处理“两大关系”（农民和土地的关系、农民和市场的关系）构成了现代农业农村经济体制主体框架，为城乡融合发展奠定坚实的制度基础。这一体制框架符合习近平在

2018 年 9 月 21 日第八次中央政治局集体学习讲话中提出的要求：要把好乡村振兴战略的政治方向，坚持农村土地集体所有制性质，发展新型集体经济，走共同富裕道路。

二、农民和土地关系的最佳选择：农村基本经营制度

习近平总书记在小岗村召开的农村改革座谈会上还明确指出：新形势下深化农村改革，主线仍然是处理好农民和土地的关系。习近平在这里采用了“仍然”一词，明白无误告诉人们，毛泽东领导中国革命和建设，以及邓小平领导中国改革开放，都是从正确处理农民和土地关系起步的，中国特色社会主义进入新时代解决“三农”问题，还是要立足于处理好农民和土地的关系。

新时代如何处理农民和土地的关系呢？在十九大报告中，习近平对体制机制提出“城乡融合发展”要求后，最先谈到的制度安排就是“巩固和完善农村基本经营制度”。这既是习近平的一贯思想，更是习近平“三农”思想的精髓。早在2013年12月23日召开的中央农村工作会议上，习近平发表讲话，明确要求坚持和完善农村基本经营制度；2017 年 12 月 28 日召开的中央农村工作会议上，习近平再次发表讲话，指出：农村基本经营制度是乡村振兴的制度基础。

农村基本经营制度，是在党的十一届三中全会之后启动农村改革、推广安徽省凤阳县小岗村的大包干经验建立起来的。其制度要件有三个：一是农村土地归农民集体所有；二是集体土地由农户承包经营，农户向集体上缴承包费，形成集体积累；三是集体统一为承包土地的农户提供经营服务。这三点又可通俗地表述为宜统则统、宜分则分、统分结合的双层经营体制。

在农村基本经营制度的三个制度要件中，土地归农民集体所有，是由毛泽东领导亿万农民创造的；集体土地由农户承包经营和集体为农户提供统一

经营服务则是由邓小平领导亿万农民创造的。可以说，习近平要求巩固和完善农村基本经营制度，反映了他既不忘毛泽东的初心，也不忘邓小平的初心，是对十九大报告“不忘初心”主题的生动诠释。

那么，把农村基本经营制度作为现代农业农村经济体制看待，它的制度优势表现在哪些方面呢？过去，人们只是从“分”的角度进行了评价分析，主要体现为两点：一是农业适合家庭经营，即家庭经营农业的规模可小到一个花盆，也可大到几万亩；二是家庭经营农业劳动监督成本最低，劳动力与其他生产要素配置效率最高。但是，单纯强调这两点显然是片面的，既没有体现中国特色，也没有体现社会主义制度的优越性。

我们站在“不忘初心、牢记使命”的高度，运用历史唯物主义和中国马克思主义政治经济学基本观点，梳理农业社会主义改造以来六十余年农村土地制度变迁的风雨历程，就能够发现，农村基本经营制度具备三大制度优势，是土地私有制基础上的农户经营体制无法比拟的。

1. 农村土地集体所有制是耕者有其田的永久性制度保障

习近平强调，农村土地归农民集体所有，是坚持农村基本经营制度的“魂”，不论怎么改，都不能把土地集体所有制改垮了，否则，就是犯了颠覆性错误。这是对毛泽东思想的直接传承，在土地制度史上具有重大意义。

新中国成立后，我党立即在全国范围内进行了土地改革，实现了耕者有其田的民主革命目标。但从经济制度层面评价土地改革，它只是消灭了地主经济，让所有农民都成为小块土地私有者，从总体上看，中国农村经济并没有脱离小农经济范畴。顺其自然，土地占有上的两极分化还会重演。

事实上，土地改革之后几年时间，“贫富分化开始出现，使共产党人不能不去考虑个体经济究竟向哪个方向发展的问题”。为了避免农村重新出现两极分化，以毛泽东为核心的我党第一代领导集体，依据马克思主义政治经济学基本理论和革命根据地创造的成熟经验，在土地改革之后就注意引导农民走互助合作的发展道路，并于 1955 年下半年开展了第三阶段农业社会主义改造。

虽然我党在“大跃进”和“人民公社”运动中，犯了“急急忙忙往前闯”的错误，让 1957 年之前健康的互助合作运动出现重大曲折，但在此过程中，我党领导农业社会主义改造和发展现代农业的能力有了本质性提升。

首先，初步认识到了改造小农经济必须尊重市场。毛泽东总结急于向共产主义过渡造成的失败教训后强调：算账才能实行那个客观存在的价值法则。这个法则是个伟大的学校，只有利用它，才有可能教会我们几千万干部和几万万人民建设社会主义。

其次，以 1961 年 3 月 22 日中央工作会议通过《农村人民公社工作条例（草案）》（简称“人民公社六十条”）为标志，土地归农民集体所有的土地制度得到以确立，宣告了土地私有制在中国彻底消亡。把这两点与农村基本经营制度实施三十多年的实践综合在一起，让我们对中国共产党人确立农村土地集体所有制的初心，即坚持耕者有其田有了新的认识。

古今中外的农业发展史早就证明，耕者有其田是最有利于调动农民生产积极性的制度安排，具体地说，就是中国农民都希望拥有一块足以养家糊口的土地。但土地私有制再加上天灾人祸，一次又一次地碾碎了大多数农民的梦想。古代也有几位统治者迫于农民战争的压力，在改朝换代初期实行过耕者有其田制度，但作为地主总代表的皇帝无法让多数农民摆脱土地被兼并的噩梦轮回。农业社会主义改造之后形成土地集体所有制，则使耕者有其田的梦想变成现实，并且一劳永逸。农业社会主义改造历经六十多年，既没有哪个能力弱、运气差的农户卖掉土地成为贫农，也没有哪个能力强、运气好的农户买入土地成为地主，所有集体之内的成员都拥有与其他成员一样的土地所有者权利，想种地或只能靠种地养家糊口的农民，都能与其他集体成员一样有地可种。

新中国成立前，从形式上观察小农户失去土地现象，除少数遭遇官府或豪强邪恶势力欺压情形外，大多数表现为土地买卖双方的自愿交易行为。由此深究这一现象就会发现，农户保有土地所有权同获得土地所有权一样，是有代价的，或者说是有成本的。比如，某个农户家里有病人，需要请医生看病，如果只能靠卖掉土地才能支付医药费，那么医药费就在事实上成为农户保有土地所有权的代价。当农户没有现金储蓄支付医药费时，就必须在土地所有权与生命健康权之间做出取舍，选择生命健康，就意味着失去土地。

从农业劳动者与土地这个基本生产资料相结合形成农业生产力的角度考察，所谓土地私有制，其实就是要求劳动者进入农业生产过程必须付费的制度安排。当劳动者付不起这笔费用时，要么流离失所，要么成为土地所有者的雇佣劳动力遭受剥削。

我党领导农民创立的土地集体所有制废除了这种制度安排，赋予农民获得土地的天然权利，而不必付出代价。这种天然权利被称之为农民的集体成员权。通俗地说，农村土地集体所有制，就是赋予农户娶进来的媳妇（相应包括倒插门女婿）和新出生的孩子获得集体土地的天然权利。这一制度安排不仅彻底改变了土地私有制造成农民之间土地权利的不平等，还彻底消除了农业劳动者获得土地必须付出的代价，做到了农业劳动者与土地结合的零成本。从资源配置效率角度进行评价，可谓达到最佳状态。从而中国种地的农民就不再遭受他人的剥削，也就是不必把自己辛辛苦苦生产的农产品无偿地奉送给没有付出劳动的其他人。种地农民很辛苦，种地农民很重要，种地农民不能遭受剥削，这是从孙中山到毛泽东领导中国进行（且不论新旧）民主革命的初心。中国共产党领导农民创立了土地集体所有制，正是不忘“耕者有其田”初心的制度安排。

正是由于农村土地归农民集体所有具有制度的优势，即使是在计划经济体制严重束缚农村经济发展的人民公社时期，土地资源与劳动者零成本结合的效率优势也顽强地表现出来。最直观的证据是，在国家投入很少资金的政策背景下，主要靠农民的劳动投入，开展了大规模的以农田水利建设为中心的现代农业基础设施建设，提升了农业生产力。这是私有制基础上的小农经济做不到的。

2. 市场经济体制下土地所有者、经营者、劳动者三者利益的和谐统一

相对于人民公社时期的集体统一经营，在统分结合的双层经营体制中，农户与集体、农户与农户之间的关系发生了重大变化。集体统一经营体制下的农户只是单纯的消费单元，不是经营单元，其经济功能是向集体提供劳动力要素，集体与农户是整体与部分之间的从属关系。

双层经营体制建立起来后，顾名思义，集体是经营主体，农户也成为独立核算的经营主体。围绕土地这个农业的基本生产要素，集体与农户之间建立起新的经济关系，即集体发包土地，农户承包土地。承包合同在承包面积、承包期限、承包费缴纳方式等方面，约定了双方的权利和责任，实现了土地所有者与经营者的分离——市场经济体制下配置资源的一般形式，确立了集体与农户之间平等权利主体的地位。

显然，这是一种新的农民和土地的关系。这种关系，在新中国成立前的小农经济时代不存在，在人民公社时期不存在，在发达资本主义国家中也不存在。这样的制度安排在土地制度史和农业经营史上未曾有过，却符合市场经济的基本逻辑。

运用马克思在《资本论》中阐释的政治经济学基本理论，分析统分结合的双层经营体制中的不同权利主体，我们很容易看到，集体经济组织属于土地所有者，农户是向集体上交承包费即租金的农业经营者，有劳动能力的农户家庭成员是劳动者。当我们把这三者与土地私有制基础上的三者对照起来进行考察，会有更进一步的新发现。

从土地所有者的角度看，集体是土地所有者，保障了农民作为耕者希望拥有土地的根本利益诉求得以实现，也就是继承了毛泽东领导农民创立土地集体所有制的制度优势。

从土地所有者与土地经营者的关系看，租金体现出来的剥削关系即利益对立关系消失了，因为土地所有者收取承包费即租金，并不属于私人所有，而是归缴纳租金的承包户集体所有，尤其重要的是，承包费形成集体积累，完全用于为承包户更高效更便捷进行农业经营及改善福利状况，比如，平整土地、修建水利设施、改造村庄、尊老爱幼等。

从农业劳动者与农业经营者及土地所有者的关系看，劳动者属于作为经营者农户的家庭成员，二者的利益是完全一致的，从而与土地所有者的利益也是完全一致的。

显然，农业中这种崭新的生产关系在土地私有制下不可能出现，马克思早已明确指出，在资本主义制度下，地主、农业资本家、农业雇佣工人三者利益处于完全对立的状态。

综上所述，市场经济体制下运行的农村基本经营制度，让我们看到农业中出现了一种崭新的生产关系，那就是农业土地所有者、农业经营者和农业劳动者之间利益的和谐统一。这既是中国共产党领导亿万农民发展中国特色社会主义市场经济最先取得的制度成果，也是运用马克思主义政治经济学总结农村改革实践得出的新结论。如前所述，习近平指出，马克思主义政治经济学要坚持以人民为中心的根本立场。从农村基本经营制度中，我们能够洞悉这一根本立场在制度构建中是如何体现出来的。

3. 为现代乡村治理奠定社会主义经济基础

乡村治理是国家治理的重要组成部分。中国自古以来就十分重视乡村治理。新中国成立前乡村治理的基本制度特征是官绅结合，以绅为主。一般说来，乡绅角色只能由那些家族财力雄厚的族长担当。所以中国传统的乡绅治理作为一种上层建筑，赖以存在的经济基础大体上还是土地占有的两极分化。

如前所述，土地集体所有制彻底消除了土地私有造成的两极分化弊端，为土地权利人人平等奠定了制度基础。这是社会主义制度的底色。

在这个基础上，集体的土地资源如何发挥出更大效能，如何给集体和集体成员带来更多的收益，要通过集体成员民主协商进行决策。比如，集体的土地是否发包，如何发包，发包给谁，承包费是多少及如何收取，承包费形成集体收益后如何使用，等等。在这个过程中，农民之间不会仅仅讨论土地问题，还会讨论村庄整治、伦理道德、邻里关系、文化、卫生等诸多事务，制定乡规民约等。因此，巩固和完善农村基本经营制度，也是实现乡村有效治理的过程。

上述结论是基于对农村基本经营制度典型形态的剖析。

毋庸讳言，2006 年农村税费改革前，在大多数农村，农户上缴给集体的承包费，除一小部分作为农业税缴纳到国库外，大部分被用于乡、村党政部门的公共开支了，真正用于改善本集体农业生产经营条件及农户福利的款项很少。农村税费改革后，大多数农村的集体提留款作为农民负担，被政府同农业税一道取消了。

其实，农民向国家上缴农业税与向本集体上缴提留款，是性质完全不同的经济行为。农业税反映的是农民和国家的经济关系，主要体现国家意志，带有强制性。集体提留反映的农村集体经济组织内部集体与农户、农户与农户之间的经济关系，主要体现集体成员的共同利益，具有基于民主决策的契约性，不具有强制性。在 1956 年农业社会主义改造基本完成至 2006 年农村税费改革止的整整半个世纪里，这些关系通常被称为“国家、集体、个人三者利益关系”。

我们在全国各地农村都能看到，有少量农村集体，即使在农村税费改革后，仍然经过集体成员民主讨论，保留了集体向承包户收取承包费的权利。大量事实证明，凡是坚持了农村基本经营制度设计初心的农村，即集体与农户各自保留应有的权利，承担应有的责任，做到了宜统则统、宜分则分，农业现代化水平都比较高，村庄面貌都比较美，农民共同富裕的状况都比较好。

围绕农民和土地关系这一主线深化农村改革，还有一个基本问题需要逐步辨析，那就是所谓农村土地归农民集体所有之“集体”，究竟是指哪个集体。本文提出这个问题，主要是受广东省清远市进行农村综合改革的启发。

清远农村综合改革的基本经验是农村治理单元下移，即由行政村下移到村民组或自然村。为了实现这一改革目标，清远市首先在行政村范围内清理资金、清理资产、清理资源，把“三资”的权属落实到村民组层次的经济合作社，从而取消了由行政村村民委员会代表集体土地所有者的权利，使之专司农村公共服务之职。

通过这样的改革，极大地激发了村民组范围内的集体经济组织活力，主要表现在群众建设美丽乡村的热情空前高涨，干净整洁的村庄随处可见，且越来越多；绝大多数农村以每户只种一块地为目标调整土地，解决了承包地分割细碎问题，农田粗放经营及撂荒问题得到有效解决，促进了农业适度规模经营和农民增收；经济合作社通过收取集体土地发包费等措施壮大了集体经济实力，为集体成员提供服务的能力普遍增强。

笔者认为，清远市的农村综合改革取得了重大突破，主要体现在对农村“集体”的认识上，把集体经济做实了。集体经济作为一种制度安排，是 1949 年 10 月开始的农业社会主义改造的结果，以党中央制定“人民公社六十条”为标志基本定型。当时确立的农村集体经济制度是“三级所有，队为基础”。这里的“队”就是指生产队。

毛泽东在谈到“队为基础”必要性时指出：在原来体制下，生产权在生产队，分配权却在大队，严重矛盾，束缚了群众的生产积极性。史料表明，出台“人民公社六十条”，有效地遏制了农业社会主义改造以来出现的“共产”风，在调动农民积极性、恢复和发展农业生产方面发挥了重要作用，而且让我们党初步认识到了价值规律的作用，确立了农村集体经济制度的根基在生产队。这是因为生产队通常由几十个农户构成，社员之间有紧密的亲缘关系和地缘关系，生产经营活动的组织与管理相对方便。

然而，在建立农村基本经营制度的过程中，很多生产队除了保留土地发包权之外，不再具有统一服务功能，而原来限制生产队经营自主权的生产大队和人民公社，却以农村集体经济组织的面目几乎是原封不动地保留下来。1984 年底，人民公社摘牌变身为乡镇政府以后，生产大队变身为行政村。在绝大多数农村，行政村的党支部和村委会似乎成为农村集体经济组织的唯一代表。

从以土地为核心的集体经济资产管理角度看，这是在“人民公社六十条”基础上的倒退，与明晰产权的市场经济体制要求背道而驰。正是因为如此，除了像华西村、南街村那样拥有情怀高尚、能力极强的党支部书记的极少数农村外，在绝大多数农村，农民群众对发展行政村范围内的集体经济态度漠然，直接削弱了党在农村基层组织的凝聚力和战斗力。再加上人民公社时期“政社合一”体制弊端也沿袭下来，“权力买卖”成为可能，造成了“小官大贪”及农村黑恶势力抬头的体制条件。

清远农村综合改革有效地化解了行政村主导集体经济的弊端，在市场经济体制下回归农村集体经济本原，激发了以统分结合为特征的农村基本经营制度活力，在农村经济体制改革历史进程中具有新的里程碑意义。

三、农民和市场的关系：“三位一体”综合合作

自 20 世纪 80 年代中后期农村基本经营制度定型以后，全国农民的生产

积极性普遍高涨，农产品供给大量增加。这本是好事，却让广大农民很快遇到了来自于市场方面的困扰，即买难卖难以及相应的贷款难保险难等，当时统称为“小生产与大市场的矛盾”。

为了破解这个历史性难题，当时理论界与官方提出的基本对策是“构建农业社会化服务体系”。在这一思路指导下，方方面面一直都在努力探索，也摸索了一些经验，主要成果有两个：一是20世纪90年代初期发端于山东等地的农业产业化经营经验，基本模式是“公司＋农户”；二是2007年我国颁布实施了《农民专业合作社法》。这些改革措施在一定范围内和一定程度上解决了一些问题，但还不能说从根本上解决问题。

从“公司＋农户”模式看，有两个弊端长期克服不掉。一是龙头企业与农户签订的农业订单反映的是交易双方利益博弈关系，多数情况下，农户只能获得订单价格确定的利益，无法从企业那里分享产业链条延伸带来的增值收益；少数情况下，农户不按合同办事，即不能按质按量交售农产品，甚至有私自出售农产品的现象，让龙头企业的合法权益受到损害。二是覆盖的农业生产部门有限，即龙头企业一般是投资于资本技术密集型的养猪养鸡等产业，而大田作物尤其是粮食作物生产很少有公司介入，大多数农户被排斥在农业产业化经营体系之外。

从农民专业合作社运作的实际情况看，单纯围绕某种农产品的生产经营组建合作社，起步阶段主要靠带头人为社员提供产前、产中、产后一条龙服务，压力之大是普通人无法承受的。因此，虽然十年来依法成立了超过200万个农民专业合作社，数量很庞大，但能够正常经营运作的合作社只有10%左右，大多数处于“僵尸”状态。并且那些能够经营运作的所谓“合作社”绝大多数又是实质上的私人企业，并不具有利益共享、风险共担、一人一票民主决策、按照交易额进行红利分配的合作社基本特征，充其量是缩小版的“公司＋农户”。

所谓“小生产与大市场的矛盾”，换一个更为规范一点的说法，就是农民和市场的关系，在十九大报告中表述为如何“实现小农户与现代农业发展有机衔接”。对此，习近平总书记从理论到实践进行了深入研究与探索。

1998~2002 年，习近平在清华大学攻读博士学位。他的博士论文研究方向是中国农村市场化问题，得出的基本结论是：农民通过办合作社走组织起来市场化发展道路。但是，中国的农民合作社该如何办，办成什么样子，专业合作社模式并没有给出令人满意的答案，有待新的探索。

2005 年，习近平在担任浙江省委书记期间，亲自指导瑞安市进行生产合作、供销合作、信用合作“三位一体”的农村改革试验，深受广大农民欢迎。习近平担任总书记之后，仍然对构建“三位一体”农民合作社体系高度重视。

2014 年，在全国供销合作总社成立 60 周年之际，习近平做出重要批示，要求供销合作社系统进行综合改革，办成“为农民生产生活服务的生力军和综合平台”。根据这一精神，2015 年发布了《中共中央　国务院关于深化供销合作社综合改革的决定》，对供销合作社系统综合改革做出了全面部署，要求改革后的供销合作社成为“党和政府密切联系农民群众的桥梁纽带”。为了扎实推进供销合作社改革，国务院启动了山东、河北、浙江、广东四个省供销合作社综合改革试点。2017 年中央一号文件首次提出要积极发展生产、供销、信用“三位一体”综合合作。为农民生产生活服务，是对农民合作社的经济定位；成为党和政府联系农民的桥梁和纽带，则是对农民合作社的政治定位。显然，农民专业合作社不具备这样的功能。

习近平高度重视“三位一体”综合合作，可以从我们党改造小农经济的基本理论及国内外相关经验教训中得到解释，也可以说蕴涵了我们党的初心。

把农民组织起来，发展生产合作、供销合作和信用合作，是中国共产党改造小农经济的一贯思想。毛泽东在 1940 年谈到新民主主义经济时写道：“在‘耕者有其田’基础上所发展起来的各种合作社经济，也具有社会主义因素。”

新中国成立前夕，在党的七届二中全会上，毛泽东更是明确具体地谈到了发展农村合作经济问题。他说：“占国民经济总产值百分之九十的分散的个体的农业经济和手工业经济，是可能和必须谨慎地、逐步地而又积极地引导它们向着现代化和集体化的方向发展的，任其自流的观点是错误的。必须组织生产的、消费的、信用的合作社和中央、省、市、县、区的合作社领导机关。这种合作社是以私有制为基础的在无产阶级领导的国家政权管理之下的劳动人民群众的集体经济组织。中国人民的文化落后和没有合作社传统，可能使得我们遇到困难，但是可以组织，必须组织，必须推广和发展。单有国营经济而没有合作社经济，我们就不可能领导劳动人民的个体经济逐步地走向集体化，就不可能由新民主主义社会发展到将来的社会主义社会，就不可能巩固无产阶级在国家政权中的领导权。”

毛泽东的这一光辉思想并不仅仅停留在理论上，也落实到农村根据地经济建设的实践中。比如，习仲勋等老一辈革命家响应毛泽东的“组织起来”号召，在关中等地区组织农民开办了农业生产合作社、消费合作社和农民银行，既帮助农民发展了经济，又在人力、财力、物力上支援了抗日战争和解放战争。

新中国成立初期，以毛泽东为核心的我党第一代领导集体，就带领亿万农民开展农业生产互助合作运动，并且为了让广大农民免受商业资本和金融资本的盘剥，成立了全国性的供销合作社和信用合作社。

从时间节点上看，这些生产、供销、信用领域的合作经济组织都大大早于计划经济体制的出现，有力地促进了当时农业农村经济的发展，发挥了恢复国民经济的良好作用。遗憾的是，后来受计划经济体制影响，供销合作社和信用合作社的合作经济组织性质遭到扭曲。

改革开放以后，供销合作社和信用合作社在市场经济大潮冲击下，都遇到了继续走合作经济发展道路，还是彻底企业化的历史性抉择。信用合作社在改制中，先是把“合作”二字去掉了，变成了信用社，后来就彻底变成了农村商业银行。供销合作社虽然企业化倾向也很严重，但仍然在总体上保留着建成为农服务合作经济组织的改革取向，而且在全国范围内保留了相对完整的系统，很多基层供销合作社也取得了为农服务和自身经济效益双丰收的改革佳绩。

特别值得一提的是，一些地方的党政领导和农民群众在瑞安经验启发下，自发办起“三位一体”性质的农民合作社，取得了大大超出预料的发展成效。比如，河南省兰考县的南马庄村和信阳市的郝堂村，广东省佛冈县的龙塘村，都是村党支部在上级党委政府支持下，从村庄内部开展信用合作起步，向村内农户提供生产生活服务，初步展现了“三位一体”综合合作的强大生命力。

习近平在浙江省委书记任上指导瑞安“三位一体”改革试验时指出，要结合我国实际情况借鉴外国好的经验，“特别是日本等国的农协”经验。由于我国供销合作社综合改革尚处于起步阶段，剖析一下日本农协（全称“农业协同组合”）体制，有助于我们领悟习近平构建我国“三位一体”综合合作体系的科学性。

从日本农协上百年的发展历程看，这种农民合作经济组织有以下特征：

首先，农协组织与政府层级一一对应，有一级政府便有一级农协。日本政府分为市町村、都道府、中央三个层级，农协也相应分成三个层级，而且农协的名称也与行政区划名称一致，如长野县农业协同组合、长野县穗高町农业协同组合。农户以及农村的非农户在居住的市町村范围内全员加入农协。这样的组织机构设置方式有两个优势：一是合作社成为政府与农民之间的桥梁和纽带，不论是中央政府还是地方政府，主要是通过农协投放财政支农资金，落实农业农村发展政策，保证了财政支农资金使用的高效率；二是及时准确地掌握全国性农业生产经营动态，有效防止“谷贱伤农”现象的发生。从财产关系上看，农户加入农协只交纳相当于一两个小时体力劳动报酬的股金，也就是说农户在农协内部的权利是平等，没有控股的大股东。农协经济实力强大，主要靠以金融为中心的经营业务提取公积金和公益金，其次靠政府保护支持农业农村发展的优惠政策。

其次，农协为农服务的综合性。农协设有农业技术指导、购销、信用、保险和生活服务等多个职能部门，各部门的业务相互支撑，为农民及当地居民提供“从生产到生活，从摇篮到天堂”的全方位社会化服务。在这种体制下，农业科技推广迅速高效，保证了农产品产量高且质量好；农业生产资料供应质优价廉，农产品销售直接进入批发市场，确保农户尽可能多地分享流通利润，免受商业资本盘剥。把农户的生产与农协的综合服务统一起来考察，便不难发现，日本农业农村经济，早就实现了一二三产业融合发展。

再次，农协经营运作以金融为核心。为农户提供金融服务，是农协最早也是最主要的经营业务。第二次世界大战后，日本农协又发展了保险业务。所以，农协是一个实力雄厚的庞大金融组织，不仅在农村经济占据核心地位，在整个国民经济系统中也举足轻重。1990 年的日本农协金融系统在世界各大银行中排名第七。正因为如此，农协不仅彻底解决了农民生产生活的贷款难和保险难等问题，还以其丰厚的赢利为其他部门尤其是农业科技推广、农户生活服务提供了坚实的经济支撑。

显然，日本农协具备上述体制特征，决定了其为农服务功能远在农民专业合作社之上。它在整个涉农市场上的功能定位是：发展中间商业，排除中间商人。也就是说，日本农协是涉农市场的垄断组织。但是，农协对涉农市场的垄断，是为了对抗资本企业利用市场机制对小农户的盘剥。它通过健全的、强大的服务功能，满足农户近乎全部的服务需求，并且尽可能地将所有经营环节的利润留在农协内部，由农户分享。

我们可以做一下中日两国农产品流通状况的对比，来体会其中的体制性差别。

先说中国。超市零售某种蔬菜，价格是每市斤 3 元。在我国目前以农户分散生产经营为基础的农产品流通体制下，超市是以每市斤 2 元的价格从批发市场进货，而批发市场里的该种蔬菜又是经销商以每市斤 1 元的价格到田间地头从农户手里收购来的。如果农户的生产成本是每市斤 0.8 元，那么，农户生产 1 市斤该种蔬菜的纯收入是 0.2 元。

再看日本。为了理解更直观，我们剔除中日货币不同带来的差别，也用人民币表述日本相同种类的蔬菜流通价格及农户收益，并假设中日两国的生产成本和批发价格及零售价格相同。日本由于有农协体制，除了消费者到农村进行体验式消费之外（附加价值特别高），农户不会在田间地头出售农产品，而是把收获的该种蔬菜送到农协分检包装，统一运到批发市场上出售，农户能够获得每市斤 2 元的毛收入，扣除农协不超过批发价 10% 的运销费用（亦可看作农协的营销收入及当地农民的劳务收入），作为生产者的农户能够拿到手的销售收入不会低于每市斤 1.8 元，同样扣除每市斤 0.8 元的生产成本，则日本农户的纯收入是中国农户的 5 倍。

正是靠这样充分保护农民利益的农协体制，日本 1972 年就实现了城乡居民收入均等，也实现了农业农村现代化。日本能够取得这样的农业农村发展成就，并不仅仅靠政府对农业的保护政策，更为重要的是，农协在涉农市场上对农户提供全方位服务，形成了农业农村经济发展的强大内生动力。

农协虽然是涉农市场的垄断组织，但它并不排除农业内部农户以及产地之间的竞争，即生产相同农产品的农户之间与产地之间，还是要努力争取自己的产品产量高、质量好、成本低，以获取更多的收益。农协在鼓励内部竞争的同时，又会发挥全国性合作经济组织的管理优势，防止农产品过剩生产，确保农户生产农产品有利可图。

习近平指出，日本农协是个半官方的组织。这一认识恰如其分，揭示了日本农协成为涉农市场垄断组织的制度根基。需要说明的是，从日本现代农业经济发展理论看来，农协具有半官方组织的性质或拥有涉农市场垄断地位，不但不违背经济发展规律，相反，还是日本农业农村经济实现创新发展的必然要求。

日本著名经济学家东田精一运用熊彼特创新理论，研究引领日本农业经济发展的企业家问题，得出的结论是：推动日本农业经济发展的企业家，不可能是传统小农和传统地主，农产品加工商和收购商可以成为引领农业发展的企业家，却不是主要的，能够全面引领日本农业发展的主要企业家是政府。政府通过财政和金融渠道向农业农村经济系统追加货币资本，实现资源重新配置，引领农业农村经济发展。但政府发挥企业家职能要通过农协来实现。农协是实现政府农业农村经济发展目标的“特战部队”。

尤其应当说明的是，东田精一的农业经济发展理论得到了熊彼特的高度赞赏。日本战后制定的农协法和农业基本法，都体现了这一理论的精髓。正因为有这样的理论指导，所以日本的财政支农资金，有一半以上是通过农协投放到农业农村经济系统中的；在农村金融保险领域，农协更是处于绝对垄断地位。用中国式语言表达日本政府与农协的关系，可谓农协是政府联系农民的桥梁和纽带，是落实政府农业农村发展政策的抓手。

需要补充说明的是，在日本综合农协体制下，并不排斥专业合作社的存在和发展。事实上，日本农协也在内部围绕各种产品组织农户加入某某“部会”，同我国的农民专业合作社的基本功能是一致的。日本农协体系中的各类“部会”只负责生产环节，其他产前产后经营环节的服务全部由农协有关部门提供，部会负责人完全没有我国目前专业合作社理事长那么大的经营压力。所以，只有“三位一体”合作社体系建立起来，我国大量处于僵尸状态的农民专业合作社才能焕发生机与活力。

四、展望：习近平总书记开创城乡融合发展的新纪元

综上所述，习近平总书记从顶层设计层面规划了农民和土地的关系以及农民和市场的关系，标志着中国的城乡关系进入了融合发展新纪元。

“双层经营 + 三位一体”体制在农业经营史上独一无二，它以组织化的制度安排，确保小农户以最低的成本获得土地、资金、信息等各种资源，并公平分享利用这些资源产生的经济效益。这意味着小农户彻底摆脱传统小农经济体制机制的束缚，成为高度组织化的现代农业农村经济发展主体，在市场竞争中与城市市场主体处于平等地位。

当然，我国现阶段的“三位一体”综合合作体系还处于草创阶段，暂时还不能与日本农协相提并论。但我们有理由相信，中国构建现代农业农村经济发展体制机制，也具有日本不可比拟的制度优势。

一是中国农村的土地集体所有制优于日本农村的土地私有制。1961 年日本制定第一部农业基本法时，期待革除农户经营规模细小弊端，扩大专业农户的土地经营规模，培育出单纯靠经营农业就可以达到全国平均收入水平的“自立经营农户”，既增强日本农业的竞争力，又降低政府补贴农业的财政负担。但是，受制于农村土地私有制，一些丧失农业经营兴趣和经营能力的农户宁可土地撂荒，也不卖出土地，导致日本创新农业经营体制的改革目标至今没有实现。

中国在农村土地集体所有制基础上，农村基本经营制度显示出土地所有者、经营者、劳动者三者利益和谐统一的优势，为农户扩大规模经营创造了制度条件。大量调研资料表明，凡是在坚持和完善农村基本经营制度比较好的农村，推进农业适度规模经营的速度都要比日本农村快得多。值得我们注意的是，我国一些信奉西方新自由主义经济学的学者主张恢复土地私有制，

并且这种主张实际影响了一些党政官员，导致一些农村在深化改革的过程中让农户误以为土地就是自家私有了，流转土地索要高额租金，为我国农业适度规模经营的发展设置了障碍，增加了发展现代农业的经营成本。

二是在政府发挥引领现代农业农村经济发展企业家作用方面，中国政府的能力大大强于日本政府。与其他发达资本主义国家相比，日本政府动员资源的能力相对较强。但无须详细对比，二十多年来中日两国经济社会发展的状况，已经不可辩驳地证明，中国政府的创新能力和资源动员能力在世界各国政府中是最强的。

日本农协体制总体是好的，但并非完美无缺。本文预判，在中国共产党领导下，“双层经营 + 三位一体”的城乡融合发展的体制机制必将让中国的农业农村发展比日本更胜一筹，做到既讲公平又讲效率。

十人谈◎何慧丽

中国农业大学人文与发展学院副院长

作者简介

何慧丽，中国农业大学人文与发展学院社会学系教授、博导、副院长。教学领域：农村社会学专题，现代化与乡村社会，当代中国的农业、农村与农民。研究方向：农村社会学、农民组织化与城乡合作、乡村治理与乡村建设、生态社会学等。曾挂职河南省兰考县委常委、副县长等职务，在豫东、豫西等地农村主导过农民经济合作组织、文化组织、社会组织的社会科学试验工作，在研究上力倡“用行动做学问”，并从中提炼出在全球视野下具有本土现实价值和中国主体性特色的相关研究。曾在《开放时代》《马克思主义与发现》《中国农村观察》《中国农业大学（哲学社会科学版）》《人民论坛》以及*American Journal of Economics and Sociology*等刊物发表文章60余篇。

【摘要】

曹锦清老师指出，在中华民族伟大复兴征程中，乡村文化复兴具有精神家园地位的重要价值。费孝通先生也从同样高度提出过“文化自觉”的概念。我们在弘农试验中提出“文化本位”的乡村复兴，是想以农民组织为载体，培育其“农民文化自觉”人格、“农村社会主体文化”意识。弘农试验的“文化本位”体现在：从村庄共同体文化的培养出发，以弘农书院为平台，以“文”化人，以“文”培育农民组织的根本力，而现代戏剧《弘农儿女》的多场出演，彰显了新时代农民文化艺术的农民主位感，其本质来源于生活再高于生活。文化本位的乡村复兴，意味着从历史根脉深处、从祖先传承下来的骨子里的文化自信。

弘农试验："文化本位"的乡村复兴

"文化本位"的乡村复兴，不只是一种通过社群文化建设为中国农民提供安身立命的价值系统，而是一种需要提供适合当前农民生产生活现状的生活方式，让农民们享受与他们的生存环境相适应的、属于他们的"自主"文化，并且能够汲取中国传统文明中天人合一、伦理本位、人与内心的和谐等文明精华。简言之，"文化本位"的乡村复兴，就是在当代乡村建设中探索出一条"重合作、重生态、低消费、高福利"的生活方式之路，从而提高他们的生活质量，实现生命意义。

一、 什么是“文化本位”的乡村复兴

有人认为，乡村文化建设只是乡村经济发展或者赚钱为目的的一种工具和手段。确实，乡村文化建设，可以对农村社区的合作经济现象提供社会文化支撑的作用。在货币化物质消费对农民的刺激下，发展经济赚取货币收入也确实成为农民最想要做的事情。

让农民组建经济合作组织，以一个组织形式去面对市场，增加农民的谈判力；在联购分销、资金互助、信息技术服务等涉农领域有所作为，这是小农避免破产的有效办法。可是，有近四十年没有进行合作生产、缺乏集体性体验的小农，如何能在大家都非常敏感的经济领域达成合作呢？

纯粹只是经济上的合作，且不说外在的自然风险和市场风险，单说内部关系而言，无论是谁赚了、赔了，还是在分配上、管理上、决策上，都有很多扯不清的事情，都会生出不少的问题。

但以文艺为表现形式的文化活动却似乎没有这些问题。大家一起跳舞、唱歌，一起锻炼身体，一起开心，一起付出，这既有利于身心健康，又有利于增加大家相互之间的了解、信任。因此，在乡村建设方面，我们采取先干风险小的事再干风险大的事，先做相对简单的事再来做相对复杂的事，先文艺合作再经济合作，这样的思想过程，应该是符合农民合作规律的。

然而，乡村文化建设的地位和作用，真的只是一个工具和手段，而不是一项重要内容或重大目标吗？

1. 乡村文化建设的地位和作用

社会呈现了人与人之间的各种复杂关系的社会需要，不只是简单的几个经济发展指标所能强调的那个社会。从某种程度上讲，人是社会人、情感人、

文化人，人的属性是社会性的，人是有社会文化需求的。从此角度而言，乡村文化建设在乡村建设中的地位是根本的，作用也是灵魂的、战略性的。为此，我们从战略导向目标层次上提出"文化本位"的乡村建设。

我们认为，以文化为本位，是乡村建设乃至乡村振兴的最高境界。就"文化本位"而言，文化建设不只是为经济合作发展充当必要条件，也不只是满足农村人区别于经济收入的文化社会需求。它是包含经济、社会、生态、技术、制度、组织等的一种综合性建设形态，它是一种生活、生产的样式和哲学，一种符合世界潮流的、让人类能够持续活着的先进文化导向。

早在上世纪二三十年代，中国平民教育家和乡村建设家晏阳初在河北定县搞乡村建设实践时，传承了梁启超"苟有新民，何患无新制度、新政府、新国家"的思想。所谓"新民"的"新"，是我国民族自身在原有的生命里创造出来的新生命的"新"，是中国儒家的民本思想和西方民主理想的双重熏陶相结合的"新"。可见，晏阳初从指导原则的高度强调了在乡村建设中兼容中西思想文化精华的重要性。

同时期在山东邹平搞乡村建设实践的梁漱溟，甚至直接肯定了"文化建设"在乡村建设中的根本性意义。梁漱溟认为要用新方法新创造来搞乡村建设。他说："创造新文化，救活旧农村，这便叫作乡村建设。""要从真精神里开出一个新局面来。"他认为乡村建设要搞的最要紧的两件事：一是农民自觉，二是乡村组织。农民自觉是开启民力、激活内因的问题，乡村组织是在生产、生活、流通等方面大家合起来齐心去干。梁漱溟还提出了乡村组织的具体办法，那就是村学乡学。村学乡学有两大目标：一个是大家齐心学好，另一个是向上求进步。

然而到了 21 世纪，在大多数农村普遍只剩下了老人、妇女、儿童以及由于种种原因没有出去打工的壮年，在土地等生产生活资源紧缺的现状下，通过"外向型"的市场经济手段使在村的农民在短时期内收入大幅增长，委实很难。

如果转换一下视角，通过种种方式促成农民社群文化行动的自助组织（老年人协会、文艺队等）成立，那么就可以形成在村农民“低消费、高福利”的生活方式，是构建农民大众生活意义、促进农村和谐发展的有效办法。

2. “文化本位”中蕴藏着震撼人心的力量

村庄文艺队和老年人协会的组建，是一种组织重建，同时也是一种文化重建，甚至是一种乡村礼俗、伦理和秩序的重建。它们改善了农民人际关系、重建了农民本体价值和村庄生活意义的力量和精神。这种力量和精神，就是全面村庄建设所需的内生秩序的播种机、催化剂，可以很好地增强凝聚力，促进和谐稳定、焕发生机的功能。以村庄为基本单元的农民社群文化合作现象，是民族传统优秀文化在创造中复兴的一种形式。

每一个地域的历史文化印迹，都烙在地域文化的表现形式上，这不仅是一个农民或者一个组织文化的问题，也是弘扬民族文化、振奋民族精神的问题。抓不住这一点，就难以将地域文化从宗族、家族里脱离出来，就难以提升其重要价值。

比如，河南开封地区的盘鼓艺术最早源于北宋战鼓，作为黄河的鼓文化，盘鼓的一招一式里面都融进了黄河文明，以及民族自豪感的文化。兰考盘鼓队的“祖师爷”是开封群艺馆的刘震。他说，当队员们以几十人、上百人的阵势进行盘鼓表演的时候，每个队员都会滋生出一种神圣的、浩然大气的感觉，表演者感到自己是个大写的中国人、文化人，而每一槌都是怀着无限的虔诚用血肉来击打的。

早在 2006 年 7 月，我们在开封召开了以“黄河文明与乡村建设”为主题的“大禹论坛”，其间刘震指挥了全部是由农民组成的盘鼓队的大型表演。《黄河岸边的中国》作者、华东理工大学教授曹锦清看了盘鼓表演后做了如下演讲：

"我是第二次踏上中原大地，第一次是十年前的 1996 年。我每一次来河南总有一种寻根和朝拜的心理。因为这里是我们民族的故土，是我们民族文化的发源地，每次来我都要跑到黄河边去看看，看一下黄河——母亲河，和我们中原的学者、地方官员聊聊天。

"刚才农民的盘鼓表演我看了，我看着看着突然流泪了。我这个人不轻易流泪，是因为感动、震撼。我们听到的鼓声，那是黄河的咆哮，是中原大地的呼唤，是我们民族崛起的声音。在南方我们可以听到很多丝竹管弦之乐，细腻而柔和，而在北方就可以听到这种震撼人心的鼓声，整个黄河流域从上游到下游就有着各种各样的鼓声，我们仿佛听到的是民族呼唤的崛起之声。自鸦片战争之后，整个近代史我们不堪入目，我们赔款割地，我们挨饿挨打，所以在鼓声当中我们听到了民族一百年来的屈辱、希望和振兴……

"现在的农村已经生活宽裕了，有些地方也已达到甚至超过小康了。乡村接下来的问题，按照我们孔夫子的说法是教育的问题。富而教之。如果富而不教，我们看到全国很多暴富的地方，整个村、整个乡地堕落了……

"13 亿多人其中有 7 亿多人在农村，让这些在农村生活的人在温饱有余的基础上有高度幸福和福利感的生活方式，我们应该对此感到满足，而不是老看着城市的高消费，这样的高消费会给我们带来幸福还是灾难，这还是一个问号。比如，兰考这样的传统农业大县，如何建设新农村，这是一个重大的战略问题。如果我们把这个问题做好了，就向中华民族的振兴提供了重要的答案。我们有自己的传统文化，有自己的新文化，如果这样的文化建立起来的话，那是相当有价值的。我们不要老往西方跑，向西方那里学来很多自己都不知道的所谓的'文化'。

"乡村建设的合作组织及其文化建设，我一直在研究。单纯把乡村建设看成是中央的投入、硬件的建设，我认为那是不可能成功的。另一方面，指望通过城市化、现代化在短期之内把我们所有的农村剩余劳动力都转移到城市去，那也是不现实的。农村还是我们中华民族多数人生存的基础、生存的家园，而且是生存的精神家园，而合作组织是培养精神文明的一个重要的载体。”

曹锦清老师在其观感中激动地指出，乡村文化建设和精神文明建设对于中华民族精神家园的重要性；在中华民族伟大复兴征程中，乡村文化复兴的精神家园地位的重大价值。

对于此道理的坚守，费孝通先生也从同样的高度提出了“文化自觉”的概念，指出“生活在既定文化中的人对其文化有‘自知之明’，明白它的来历、形成的过程、所具有的特色和它的发展的趋向”。费孝通接着提出了“文化自觉”的理论，概括为“各美其美，美人之美，美美与共，天下大同”，这是从国家的、民族的整体战略高度所阐述的中国人具有时代价值的“文化自觉”特征。在此基础上，我们提出乡村建设中的“文化本位”概念，其实是想以农民组织为载体，培育农民文化自觉人格，提高农村社会主体文化意识。

二、 弘农试验：从村庄共同体文化的培养出发

由定居在一定地域内的同一姓氏或不同姓氏比邻而居的诸多农户，长期生产生活繁衍下去，形成了村落共有的土地、祠堂、庙宇以及建立其上的礼俗制度，形成了与其相适应的生活样式、生产方式、生计方法，是谓村庄共同体文化。这种沿袭久远的共同体文化体现了乡土的本色，只是在汲取乡村社会现代化资源的的各种侵蚀作用下，日渐残缺并正在遭受愈益严重的瓦解。

如何发掘或者激活既有的村社共同体意识，使村民滋生自豪感，形成“团结起来有力量”的村庄凝聚力和吸引力，这是持久建设乡村家园的内在动力，也是激发各种新乡贤爱故乡的源头活水。

那么，对于现实中的普通村庄而言，这种村庄共同体文化意识能够得

到激发并可持续增强的经验是什么呢？河南省灵宝市正月十五的大型民俗活动——“出社火”，就是流传久远的一种古老的地域文化表现。灵宝市焦村镇罗家村的弘农盘鼓队，是该镇社火队伍中耀眼的一支农民表演队伍。我作为一位知识分子、“文化本位”的乡村复兴践行者，有幸参与了从平时的动员、排练到现场表演的全过程，感受和收获颇多。下面就以灵宝市焦村镇罗家村的弘农盘鼓队的表演，作为“文化本位”乡村复兴的成功案例进行分享。

1. 包括村干部在内的村民体验和经验表达

整体上，人人都在集体活动中意识到了作为一名村庄成员的身份，活力和潜力得到激发，人人都在集体中超越了作为单个人或家庭中一名成员的自己，体验到了强大的集体力量和集体荣誉感。平时训练的时候，村干部带头，一些年纪大的老队员遵守时间，一场不落，其触类旁通的熟练技术和敬业精神感染了还略显生疏的新手——年轻人和妇女们，这使大家憋足了劲，下决心一定要打好盘鼓，要对得起这个机会。

气氛是我传你你传他，越传心里越有劲儿，越传越发自肺腑，越能收获满满的正能量。在县城表演时，面对万人空巷的广大灵宝市民、农民观众，“我是焦村镇罗家人”“我是弘农盘鼓队一分子”的社区成员集体意识倍增。整个出社火的路程有七八华里，队员们腰挎 16 斤大鼓，其中还有 15 个妇女，除了表演盘鼓之外，还有几次全程式表演，大家都铆足了劲儿，一鼓作气。

这是什么力量在支撑呢？

原来，一方面，队员们在众人面前激起了个人表现欲望。以前都是与路边的观众一样挤在人缝里看演员表演，现在是那么多人挤在人群里怀着羡慕的眼光在观看自己，村民们自我表现和荣誉感很强烈。另一方面，几乎所有队员的家人，包括爱人、父母和小孩，还有其他亲戚、朋友、邻居等，都一大早来到灵宝城，在人群里占据最有利位置，为的就是自觉充当盘鼓队的啦啦队、义工，观看自己家人的表演。

这是每个队员心里都明白的事情，不能在关键时候掉链子，丢亲戚朋友脸面。当听到一些“给罗家村人争了脸”“给焦村镇争了光”“罗家人真了不起”等赞誉的话时，当看到众多观众手里握着照相机“咔咔咔”不停地拍摄时，大家就特别来劲儿。这是一种什么力量呢？这是一种被夸赞有水平有气势时的荣耀感的神圣力量，是发自肺腑的精气神的力量！

其中，有位67岁李老伯，平时腿关节疼痛，干农活时都似乎显得步伐不稳，可是在盘鼓训练和表演过程中并不比他人逊色。还有一些村民，看到村干部这么卖力地动员“出社火”活动，也自觉要参加。这是众人拾柴火焰高、大家相互感染发挥人多力量大作用的结果。更有一些男性队员，本来是要结队去外地打工，帮人干修剪树枝等农活，只因为接到了村干部希望他们为“出社火”出力的电话，就将外出打工的时间向后推迟了几天。看来，家庭责任制实施30多年以来，村民身上的集体责任感、集体荣誉感尚存！

这次成功演出之后，每个参与其中的人，就村庄整体层面上的文化或者利益建设的可持续性问题，都进行了不同程度的思考。比如，如何使村里文艺队可持续发展下去？如何不是在政府派任务的压力下参与打盘鼓？村里另外一种古老的大鼓文化，如何也趁势捡拾起来不至于流失？在大多数青壮年外出打工谋生的大背景下，如何让农民在丰富自身文化娱乐的同时，振兴本村古庙会的传统节日？与此同时，面对乡村经济萎靡不振的现实，如何将参与文化活动的热情带到村里的经济建设中去？比如，调整产业结构，发展苹果业；再比如，发展生态循环农业。罗家村王支书还认为，要完全把大家的心拢在一起，除了文化建设之外，系统性的综合的长远规划是村庄文化建设的基础。

有这样不同程度的想法和思考，不只是发生在村干部身上，或者某位关心乡村建设的专家、学者身上，而是发生在参与表演的有着不同年龄、兴趣、谋生方式甚至不同信仰者的普通村民身上，这真实地显示了乡村建设方面民众主体性意识的萌芽。

2. 提高村庄共同体文化的三个关键因素

像罗家村这样的缺少村级"公共财源"的豫西山区村庄，要想使一盘散沙的村民们联合起来，不断地增强村庄文化共同体意识，并参与以村庄利益共同体为目的的乡村建设，就村民参与打盘鼓的共同实践经验过程来谈，我总结了三个方面的关键因素：

关键因素之一，党政主导下的实践机会条件，是"引导"式的不可或缺因素。普通村庄的共同体文化（包括利益）系统的发育和建立，离不开国家各级党政主导力量的指引和导引。如果没有灵宝市委、市政府"文化兴市"战略下对当地古老的社火文化在新时期予以继承和发扬，并以市、镇、村三级的党政力量来导引，那么像罗家村这样的普通山区贫穷村庄，便失去了体验"弱者联合便可以强大"这种新集体荣誉感的宝贵机会。

而这种使弱者联合的练习机会，共同实践过程的机会，显得尤为重要。

关键因素之二，以增强村庄共同体文化为目标的村民体验领域，是"中和"式的。村民体验领域的"协调适度"地逐渐增加、加深或者拓展，就叫作"中和"。各种增加村庄文化共同体的体验都有了，而且日常化了，村民们便会逐渐形成具有村庄共同体意识的习惯。

哪些能够增强村民村庄共同体文化的感觉呢？在村民的日常生活、生产、流通、婚丧嫁娶等活动区域中，有这样的可能性机会吗？比如，组织村民参与村庄整体规划，参与村庄村志村史的撰写，恢复村庄古戏、古庙会的文化活动。假如在村民的日常活动领域中能够获得这样巨大的成就感和荣耀感的体验，那么村民必定会积极参与，必定会体现出超出个体、家庭、亲族、片村范围的共同体文化力量。

村庄层面上的信息合作、统购统销合作、资金互助合作、学习合作、老年人互助合作、社区儿童课外辅导、移风易俗、环境污染治理事情的开展，似乎都是互补的、渗透式的集体体验。这些体验活动在“中和”的原则下越多越好，越积累沉淀越好。这样便会把村民的运动式的或者阶段性的共同实践，自然而然地长期性扎根于与村民日常生活生产相关的内容上，这是具有全方位的、多元综合的、社区民众共享的正能量的实践。

关键因素之三，以增强村庄共同体文化（包括利益）为目标的不同群体动员特点，是“位育”式的。这里的位育，是指村庄中多元群体参与的各守其份、适应处境的动员过程和生成过程。

从历史上看，大鼓表演是参与人数较少的，信仰本地山神的村民才会积极参与。就现实看，罗家村属于多片型自然村的联合体，姓氏很多，片区大片是三个，小片有五个。在这样的情况下，多的是同一姓氏小亲族、同一片区多元分散型的小片人群，而缺乏能超越片区、姓氏、信仰的村庄共同体实践体验。

如果动员不当，则上级交代给的活肯定完成不了、不好甚至高成本，何谈大家会有共同体文化体验的升华呢？那么，这里面的动员经验是什么呢?就实际发生的过程来看：一是村“两委”干部，目标一致，肯下功夫做群众工作；二是村里积极分子的带动，其精神、经验有传帮带的感染作用；三是本村中青年村民的参与；四是来弘农书院参观学习的外来大学生积极参与，形成了良性引导作用。

在这个过程中，大家互相感染，共同的实践不断升级，以至于后来村支书决定宰杀一只大羊来犒劳大家。接着，有人提议趁热打铁赶紧建立一个“美丽罗家人”微信群，先是 40 余人的队员，结果三天之后，在村的、不在村的罗家人，尤其是年轻人纷纷加入，一下子增加到了 100 余人。大家的身份、年龄、兴趣、认识可能都不同，但是心是在一起的，都是罗家村人，都愿意为美丽罗家村建设共同努力。

试想，假如这样的村庄共同情绪或者意识，随着现代各种通信手段不断地发酵、蔓延下去，生成利益相关方多方合作、参与式学习和共同实践的共同体文化或利益系统，便会形成类似于罗家村这种普通类型村庄可持续发展的内在的源头活水。

在这个过程中，村内村外的新乡贤们，是村里干部借以获取各种资源的延伸力量；而村干部则是村内村外各种新乡贤们回报乡亲们、回报乡村的重要靠山。

三、以“文”化人：弘农书院的由来与力量源泉

实际上，在发育村庄“共同体文化”的同时，我们就明白了“文化本位”的深刻内涵：文化不只是文艺活动这唯一的表现形态，虽然文艺活动是文化的一种绝好表现形态。文化有着“道德、经济、生活” 立体抽象的三层次，文化不离身,以“文”化人不离“百姓平常”。在弘农上要“文化本位”，只活动不行，只外在不行，应该在平常百姓中以“文”化人“尊道贵德”“和合生态”地做下去，才行。

如果要这样做下去，一是需要一个新平台，二是需要培养当地人才。于是，罗家村盘鼓队、腰鼓队和秧歌队等近 200 个村民，在经过半年的村庄共同体文化意识的激发和培养的文化氛围基础上，作为乡村建设新平台的弘农书院——豫西地区第一家建在乡村的农民书院，就在豫西小秦岭山脚下的小山村诞生了。

2012 年 8 月，开封敦复书院王英杰院长受我之邀来到了罗家村，先是在罗家村村中心为村民开会，第二天又在小秦岭砥石硲搞起了“道德讲堂启动活动”。后来，河南大学三农发展研究会大学生们来了，广东儒商李文良先

生一行来了，中原油田退休工程师衡生喜老师来了……这样的故事接连发生着，发酵着，直到次年 4 月 12 日，三门峡市作家协会主席杨凡、北京温铁军教授等人来到灵宝市，由灵宝市焦村镇罗家村村委会、焦村镇民间 12 社团、中国农业大学农民问题研究所、中国人民大学乡村建设中心、江苏吴江众诚实业有限公司五个单位联合发起，在灵宝市党政支持下搞了一个揭牌仪式，接着在地方民政局正式注册，弘农书院就诞生了！

弘农书院之取名，一是寓意“弘扬农耕文明”，包含了发展乡村建设和发扬中国传统文化的两层含义；二是作为始自汉武帝时代的“弘农”古郡名是历史之源；三是叫“书院”而非“学院”“学校”，是想传承古人“欲做事、先做人”的育人之道。新成立的弘农书院秉持着“一二三”，即“一”个弘农书院，有“二”句宗旨——尊道贵德、和合生态，想做“三”类事业——乡村和合的、生态的、本土文化的三个方向的扎根复兴工作，具体包括伦理文化道德、养生保健、生态农业技术、农民合作，以及其他与乡村建设有关的参与式研究、培训和推广工作，等等。而这需要一个明理达道的新型农民群体作为行动主体，它该如何发掘、组织和成长呢？换句话说，起初一股股的外来力量进入罗家村，为的是“外发促内生”，其间被激起的乡村内生力量在外力撤出之后，如何“内生自觉”地形成有效的新团队力量，走向“人能弘道”的正轨？

凡是做过农村工作的人都明白，揭牌成立容易，生存发展难；做活动容易，可持续机制建立难；做项目容易，培养人才难。弘农书院及其事业可持续存活的关键在于本地人才的培养。因为外来引发者水土不服，成本更高，再说外来者迟早要离开当地。在多年的经验教训中，我们总结出来新型弘农人才培养的主要途径有三条：

一是外出学习先进经验和理论。弘农书院作为乡建平台，有效地获得北京、河南、吉林等地许多难得的返乡人才培训机会，于是就把本地乡村青年一一输送出去，学习弘扬优秀传统文化、农民合作、生态农业以及城乡互助的先进经验和理论。几乎所有的弘农书院义工、干事，弘农专业合作社骨干力量都有外出学习的经历。比如，弘农书院总干事樊少欢、干事刘巧珍曾是北京梁漱溟乡村建设中心第十期学员，樊冰冰、张克强、郭文华等人都有三年以上在北京小毛驴市民农园、河南中国乡村建设学院的外出工作学习经历，而何盼阳、陈振丰等则有在吉林长春双阳区学习发酵床养猪一个月的学习经历。

二是组织制度建设和创新要跟上。比如弘农书院自身的学习制度、管理制度、收支平衡制度，弘农书院这个文化组织与弘农沃土合作社、与其发育的合作社及其联社之间的合作共赢制度，各合作社的学习、管理、业务拓展制度等。总之，"互助合作，制度重要"，新型农民文化、合作组织制度创建要跟上，要在基层实际践行经验或教训中总结切实有效的组织制度建设经验，不断改进。

三是扎根乡土"求之于乡野"。因为培养人才的经验和智慧不只是"借鉴而来"，不只是制度依赖，重要的是不忘本来、扎根乡土、"求之于乡野"，汲取那些在环境困难的状况中还能活着的真实经验。我们不能舍近求远，缘木求鱼，必须放下"小资"和"小知"的办公室做派，走到农民中去，坐到田间地头，去接触、去寻找天底下最基层、最清苦，然而又活出人间味道、活出品质的那一部分人；在"干中学"中，感受平凡中的伟大，细微中的精神。

在这里，由于外出取经和组织制度建设已经为人熟知，我们就重点说说弘农书院以"求之于乡野"的办法来锻炼人才的本土智慧的经验过程。我们认为，在物欲横流的当今世道，弘农人精气神的根本在于把握根脉、滋养根脉，从"礼失之于都城，求之于乡野间"的"乡野间"去寻找。于是，书院启动了"弘农故事汇"文化活动，即书院年轻人从自身出发，从现有水平起步，以"寻找农民精神，守护乡土文化"为宗旨，先就近发掘出罗家村 20 余位农民的故事，然后再延展至附近其他村，扩大到乡县市、省会及外省市。除编写"弘农故事汇"

外，还组织编写了“青年返乡创业篇”“农村组织篇”“文化与信仰篇”“小农生计篇”“社会故事篇”“生态环境篇”等。

这样从零开始，一步一个脚印踏踏实实地一路做下来，就会“本立而道生”！天底下，那一个个被拾捡起来的“弘农”而非“损农”的故事，被串成“弘农故事汇”，正如小秦岭的山泉水涓滴汇聚而成了滔滔的弘农涧河水！而那些弘农故事的主角们，则以其活泼泼的生命，在天地间至真至实的舞台上，在不存在排练的人生大舞台上，演绎了生活里的农民精神——那是包容滋养、任劳任怨的精神，埋头苦干、生生不息的精神；演绎了什么是守护乡土文化——那是以爱故乡、爱家乡、爱本地文化的姿态和行动，来守护天天发生着的最草根里的生产生活样式。

正如鲁迅先生所说的，我们自古以来，“就有埋头苦干的人，拼命硬干的人，为民请命的人，舍身求法的人”。这些人们，在豫、陕、晋广阔的黄河三角地带，在城乡之间真实的时空张力里，为我们呈现出大地般质朴、秦岭般坚忍的品格，黄河般包容、社火般绚烂的境界！

于是，乡野中“以‘文’化人”的功夫，就在这个过程中体现出来了。比如，弘农书院总干事樊少欢在调查人物故事、起草文字时，不止一次被这些生活故事感动得流下了热泪；弘农书院干事刘巧珍在倾听和交流故事的过程中，从以前说话的语无伦次到叙述有了基本张法，思想和看法也渐渐丰润起来。故事本身是精彩的，虽然受制于她们有限的表达水平，但是她们体验了这个过程之后，便有了心性的成长与文化素质的大提高。而更为年轻些的王英林、孟春凤、张晓莎、樊少欢等人的传帮带，在弘农书院的开展过程中，面对这些用真实生命熟练应对日常生活的长辈们，她们也似乎变得越来越成熟和坚强起来。总之，正是“弘农故事汇”里的这些乡野故事，感染了她们，震撼了她们，因此便从知识结构和精神气质上重塑了她们，使她们从一个个农村邻家小媳妇、书院年轻小干事，渐渐地成长为通情达理、敢于担当的一个群体力量——新农民团队。作为新时期的农村青年代表，从苦难的智慧农民那儿，她们体验到了什么是包容、忍耐，能上能下的托底与担当，而不是只满足于攀比、抱怨，以及虚荣浅薄的拔尖与成功；似乎明白了什么是干一番事业所需要的内省、团结和通情达理，而不是现实流行的外求、自我和傲慢固执。

然后，她们做事的方式，也越来越学着在日常行为中去示范、引领、感染别人，而不是去管理、支配、要求别人……于是，她们愈来愈明白"上善若水""厚德载物"是怎么回事。这样一批批弘农青年人，慢慢地跟上来了……

这就是弘农故事汇的文化力量。根植于乡野的弘农故事汇，是弘扬农民精神的播种机、守护乡土文化的宣传队、熔炼弘农人才的大学校。有了弘农故事汇，便有了新时代的弘农人才；有了新时代的弘农人才及其理念，便水到渠成地有了弘农沃土农牧专业合作社、弘农合作联合社的巴娄分社、贝子原分社和万渡西仓分社；有了传播弘农的孝道文化，便有了养老爱老的上善堂、兼善堂……

四、《弘农儿女》的诞生

文化要以艺术形式呈现出来，而艺术要有主位感，其本质是来源于生活，然后又高于生活。

从小秦岭娘娘山通向罗家村的一条深沟，叫作砥石峪，其东西南北的广阔地域，繁衍生息着包括罗家村在内的十二个自然村。村民们为了感恩生养自己的大山和土地，就在砥石峪修了一座供奉着山神和土地神的二神庙，组建了民间十二社。每年正月举办庙会，由这十二个自然村轮流承办，轮流到的村庄要办庙会请神、唱社戏三天。

2018 年轮到了罗家村。弘农书院是这次活动的根据地。在参与策划和讨论过程中，我们想：与其请人唱戏，何不借此难得一遇的好机会自编自演一出《弘农儿女》的戏剧呢？一来由村民自己给神唱戏再好不过；二来也可以展示新时代扎根乡村从事综合性乡村建设的过程和意义；三来村民参与其中，演出也是一种学习，也是一种合作意识和乡村精神的培养。

我们在春节期间构思了一部两万字的《弘农儿女》剧本，故事是说在灵宝小秦岭娘娘山脚下，董家村有个世代为农的老农，名叫董农业。董农业夫妇生了个考上中国农业大学的儿子董爱民，董爱民大学毕业响应国家政策，回村当了个热衷于弘扬优秀传统文化、农民合作经济组织和搞生态农业的大学生村干部。故事情节就在董爱民与其女朋友、同学、村支书及村民若干的诸多角色之间展开……

剧本有了，可谁来演呢？“我的生活我来演！”演员一定要在当地找，要在农民中找。然而，村里的青壮年本就不多，敲敲打打的文艺活动还凑合，要搞一台戏真是不容易。

弘农干事们大都懂“图难于易、图巨于细”的道理，动员了弘农联社各分社的负责人一起先找来几个主角：万渡西仓分社的负责人任自锋志愿当总监，找到了马村的一名会唱豫剧的村民红霞当导演兼村支书角色，南上村村民栓宝来当主角董爱民。主要演员都找到了，剩下的就在罗家行政村的三个自然村里找。很快，其他配角演员也找齐全啦。

乡村振兴这个事儿，文化振兴是个魂，《弘农儿女》的演出就是奔着这个魂去的。剧本里的生态农业、合作社、孝亲关系等，都是这几年村民所经历过的事情。虽然是第一次排练和表演，不过大家在“无中生有”的故事里并不陌生。真是苦中有乐，泪中带笑。

《弘农儿女》的演出很成功，这也让所有人员的内心无比兴奋和温暖。村里一位 70 多岁名叫“喜生”的老爷爷当天晚上演得非常入戏，他的 5 个女儿中有 4 个亲临现场来观看。他的女儿高兴地说：“厉害了，我们的老爸！”他的外孙夸道：“姥爷棒棒哒！”

正是几十年来未有村民自己的文化活动，这次村民们的本色出演，吸引了罗家村的人、周边四邻八村的人，《弘农儿女》新戏的横空出世，成为周围村民的焦点热点事件。

不到一个月的时间，这出戏又在小秦岭山脚下距罗家村不远的贝子原村戏台上演了一场，这次主要是弘农合作社联合社响应贝子原分社社员的要求、为庆贺弘农书院五周年而出演。除了三个主要演员（董爱民与其女朋友、村支书）角色没有换，其他 20 余人都是新手。组织演出的贝子原村民武艳霞，作为弘农联社理事长，她说："若都让罗家村演员来演，我们贝子原村村民干什么呢？我们不想只当观众。"

而这第二次的成功演出，又感动了周边村庄一位 70 余岁、唱了一辈子戏、名叫"迎仓"的老人，他几天之内将原剧本改为全部唱段的现代蒲剧，而且将多年停办的农民乐队组建了起来，进行伴奏排演。5 月的母亲节快要来了，弘农书院动员了弘农联社巴娄分社所在村的村民加紧排练，在母亲节时把《弘农儿女》作为一个整场蒲剧由农民来演出。这第三次的演出，有好几个乡的村民齐聚巴娄舞台大院来观看，人数近千人，台上台下气氛热烈。情到浓处，当晚巴娄村 10 个媳妇上台给婆婆行孝亲礼仪、本村小孩上台献花的真实感人场面，将演出效果烘托到了高潮。

五、文化本位：一种传承在骨子里的文化自信

"文化本位"的乡村复兴，实际上是一种文化自信建设，这种文化自信需要从三个方面理解：

1. 生命与乡土的融合、艺术与生活相结合是谓"道"

我们的生命将归于何处？在女娲造人的故事里，人是由土变成的，生命

最终还是回归于尘土，生命和土地融合的过程是最重要的。人生在世，不论是在现实的意义上，还是宗教的意义上，都要经历这段历程，这段历程需要我们自己来书写。

人这一辈子最重要的东西就是遵从自己的内心，走内心想走的那条路。孔夫子曾说过一句话，“朝闻道，夕死可矣”。“道”是什么？“道”其实并不是一个外在的东西，“道”就在自己的内心，“道”就是自己的生活、情感、所作所为。如果它能和天地之间的大道合为一体的时候，这个“道”便特别有震撼力。农民将自己的生命与乡土深度融合，通过文艺来表达，是谓“道”也。

《弘农儿女》中村民们的本色出演，展现了“我的生活我做主”的道理。老乡们站在镁光灯下，站在舞台中心，留下了一段非常美好的、精彩的回忆。只有在这种状态下，村民们的心情乃至生命的饱和度，可以达到一个最高的人生境界。

2. 乡土文化的魅力在于演员与观众的血缘、地缘社会关系

当演员与观众角色互相转换，二者相互联系和作用，人们既是演员又是观众的时候，才会形成一种良性的“主客互动”。在乡土社会里，受亲缘关系和地缘关系影响，台上的村民在表演，台下的村民观众会有种亲切感。当熟人出场的时候，村民会异常激烈地讨论，这是谁，那又是谁谁，这种亲切感能始终让村民对节目保持关注。并且在演出的时候，剧中演员所表达的唱段和台词更容易达到观众接受的效果，这能够拉近人与人之间的距离感。比如，《弘农儿女》剧本中有洗脚的剧幕，十个儿媳妇给婆婆洗脚，那么至少邻居都来看，婆婆们的同龄人会来看，儿媳妇们的同龄人也会来看。后来十个小孩上台给儿媳妇们献花表示敬意，这样孝亲礼仪三代传递的“传帮带”学习环节就完成了。而小孩子上台完成的这个动作，至少其父母或监护人是非常乐意孩子体验这么一个人伦关系的过程。单就这一幕来看，台上演员与台下观众是一种乐得其成的亲密合作关系。

其实还有很多大型的室内剧，像《又见敦煌》里面的群众演员都是本村人，本地招、随时招，观众和演员熟悉，就会有很强的感染力。而如果这出戏跟当地人家没关联，既不是人家的亲戚或不是同村村民来演，也不是演绎现实中村民关注的真实故事，仅仅是专业演员和专门当观众的村民交流互动，则丝毫达不到这样的效果。

3. 文化本位，源自历史的根脉深处

弘农试验是以知识分子主导的索引性的文化复兴试验。从一个小小的罗家村开始，短短 5 年时间，弘农文化试验蔓延到了周边很多村庄，从“以文化人”的文艺形式、孝亲养老形式的开始，再扩展到经济合作中的资金互助、联购分销以及技术信息服务。其中，知识分子们通过乡建方式，不小心地索引到了中国乡村乃至中国文化自信的历史奥秘。

为什么地方戏等文化很亲民？为什么乡民的经济合作和生态环境保护意识一旦得以激发，必然就触摸到了村社关联、天地信仰、风土人情？因为我们的生态文明建设，其有效突破口首先就是要从精神层面而言的文化复兴。

小秦岭山脚下的村落里，传承着悠久的历史文化。包括罗家村在内的十二个自然村所在地，以及焦村镇南部、阳平镇西南部一带，是目前发现的中国最大的史前文化遗址聚落群，早已被列入中华文明探源工程。从史料、考古以及村名、民俗等方面可以看出，这儿曾是五千年前仰韶文化时期、新石器时期氏族部落繁荣所在地，曾是最适宜人类生存繁衍的地方之一。

罗家、万渡、巴娄、贝子原、东常村、西常村……其中大部分村落都曾有多所大型神庙，有的一个村庄竟然会有十余座神庙遗址，更有村庄考古挖掘出氏族部落大型中心性聚落、大型公共性房址。这儿的考古发现与现代村民风俗习惯等等相呼应的一致性，都在默默地传达着中国社会历史变迁中的文化基因。

比如，新出土的石器、陶器、骨器、青铜器、玉器，以及成堆的灰坑和陶片，都反映了祖先曾经拥有的灿烂文化，中国式的社会是怎样的群居秩序，有着怎样的劳动分工和社会等级观念，中国式的市场价格如何形成；中国式的旧石器时代到新石器时代，再到青铜器时代，是一个怎样完整的社会发展史链条……或许正是生态文明时代里，我们需要追寻的顺应自然、保护自然、恢复自然的中国文化和中国智慧。

固然，从农民经济合作的实践到以“文化本位”为战略目标的乡村复兴，其间尚有很长的曲折之路要走。好在前有先人远古辉煌文化的纵深启示，还有近现代以来乡建先行者的实践启示，以及东亚韩国新村运动中的“精神启蒙”的经验；加上又赶上了当前国家工业化已经完成、国力比较强盛，工业反哺农业、城市反哺农村的生态文明战略时代的好时机。以“文化自觉”为战略目标的乡村复兴肯定能够在条件成熟的时候大范围开展。

一方水土养一方人。到如今，我们这些 21 世纪的子孙后代们，在乡村振兴的号角声中，不只是要建设城乡融合的乡村振兴，还要在古今一体中，向古人“与天地参”的创业精神中学习乡村振兴。村庄共同体文化的培养、弘农书院的启动、《弘农儿女》之戏，也只算是其中一种“微明”的努力吧。

十人谈◎杨　团

中国社会科学院社会学研究所研究员

作者简介

杨团，中国社会科学院社会政策研究中心顾问，社会学研究所研究员，中国社会科学院研究生院教授、硕士生导师，北京师范大学兼职教授。国家民政部特聘专家，人力资源与社会保障部社会保障专家组成员，兼任中国社会学会社会政策研究专业委员会专家组组长，北京“农禾之家”咨询服务中心理事长，北京“农禾之家”农村发展基金会理事长，中国灵山公益慈善促进会、中华少年儿童慈善救助基金会、NPO发展中心等机构的理事。被评为“2013年CCTV年度十大慈善人物”之一，荣获“2014年度责任中国公益盛典致敬大奖”。多次主持国家社会科学基金课题和重点课题，曾荣获国家社会科学基金优秀成果奖及省部级研究优秀成果奖。发表论文和研究报告200多篇，出版多部专著。主编丛书《当代社会政策研究（2005~2017）》《中国慈善发展报告（2009~2018）》《综合农协：中国“三农”改革突破口（2013~2017）》。

【摘要】

改革开放四十年来，在探索“三农”道路上有得有失。“农禾之家”就是以探索中国“三农”道路为使命的民间非营利组织，在国内最先提出“综合农协”是中国“三农”改革突破口的理念。

在十九大提出乡村振兴战略之后，“中国要可持续发展，乡村振兴是根本”的理念，已经在全党全国全社会达成了共识。人人要为乡村振兴贡献力量，乡村振兴就是自现在起到未来几十年间中国最大的公益。

农禾之家较早意识到国家这一战略转变的深刻含义，迅速与有社会责任感的公司和青年公益组织联手发起“百乡工程”，集合了一大批企业和社会组织，组成乡村振兴社区集群。

我们认为，乡村振兴“产业兴旺”是重点，以乡镇党委带领成立农民合作组织的联合社，是乡村振兴的基础性工程。

构建综合性农民合作组织，重建乡村的社会基础

十九大报告提出实施乡村振兴战略，这个重要战略方向，就是要“实现小农户与现代农业发展有机衔接”。之所以说这是战略方向，是因为以往发展现代农业，主体都是新型农业经营主体和农业企业，小农户被有意识地忽略了。而十九大报告是将小农户作为农业和农村的重要主体，并且要将其与现代农业的发展以机制化的方式相衔接。这预示着中国的“三农”政策正在发生重要转折。可以说，实现小农户与现代农业发展有机衔接，抓住了我国发展阶段农业发展的关键问题，不仅指明了我国今后农业农村政策的基本方向，而且也启动了独立自主解决“三农”问题的中国理论的思维方式。

一、中国乡村的发展与农户的分化

随着工业化、城市化的历史进程，中国的农业、农民与农村发生了巨大的变化，也使得农户状况进一步分化。中国农户的分化主要表现在三个方面：

首先是出现了一些局部地区的分化。一些村庄已经完全或正在融入城市，或自身变成新城镇；一些经济条件有利的农村（如在东北土地资源较多的地方），已经开展公司化农业经营，或发展出规模大的专业化农场；资源禀赋特殊的农村（如在中西部有矿产资源、风景资源的地方），因资源有较大的开发价值而通过资源资本化获得发展机遇；另一些地方的农村则展现出了规模化、专业化、集约化的现代化农业的景象。但是，这些在特有的城乡关系和产业、资本条件下发展出来的模式，并不足以成为其他的更多地区的样板。

其次是农业经营主体的分化。随着农村经济市场化、商品化和专业化程度的不断提高，涌现出一批从事农产品生产和营销的专业大户：一是家庭农场和农业企业。也有无力摆脱困难的农户和处于中间状态的农户。在政策影响、市场交易和其他条件下，分化仍在继续，但多数农户属于小农。二是农村发展差异虽然较大，但是总体上以小农户为主的格局并没有改变。

某些有亮点的“典型”或“奇迹”的效益与成功，不能最终转变成多数人的效益与成功。那些不具备吸引工商资本的产业的存在，那些就业转型迟滞的农村的存在，那些想种地但势单力薄的农户的存在，不应被简单视为“仅仅是一个暂时存在的过渡现象”。中国农村的困难是必须面对的国情。

第三是 “中国式小农户”的发展，主要有三大特点：

一是小规模农业用地。当前中国农村的基本经营形式是以“人均一亩三分、户均不过几亩”为基础的小农经营。据调查，我国承包经营农户平均经营面积只有 7 亩半。欧洲与美国农场的平均规模分别为 14 公顷和数百公顷。东亚农业则基本上是小农分散经营，日本农民每户经营规模 1 ～ 1.5 公顷，韩国只有 0.6 公顷。这与我国人多地少情况相近。

1990 年，日本超过 75 亩规模的农场占到所有农户的 6.5%。与 2006 年相比，约 10 倍超过中国 60 亩规模的农场所占的比例。2000 年，日本农业雇工比例达到农业从业人员的 20% 以上，远高于今天中国的 3%。以上数据表明，中国即使要达到日本农业生产的规模，也还有相当的一段路程，不可能在短期内达到这样的规模。

二是兼营性。我国小农户有兼业的传统。除了每个农户工作的多样性，当今我国农户兼业的主要形式是代际分工基础上的“半工半耕”，即年龄比较大的老一代在家务农，年轻人外出务工，由两代人同时务农和务工来获取两笔收入，从而获取相对体面的生存条件。

这种兼业方式，展现了中国小农家庭适应市场的城市化大形势的顽强的生命力。截至 2006 年（《第二次全国农业普查资料》数据），雇（年）工经营的农业仍然只占到总农业劳动投入的 3%（另有 0.4% 的短工）。小家庭农场则占到将近 97%，明显压倒雇工大农场。

三是小农户的长期性。中国人口的城市化还要经过一个相当长的时间，而且由于中国人口的巨大规模，中国农民在将来的人口构成中还要占相当比重，单个农户的土地经营规模不会很大。我国人多地少的国情，加上当前中国农村以代际分工为基础的“半工半耕”家庭再生产模式将长期存在，所以不管城镇化进行的多么迅速，7 亿多农民和 2 亿多户小农中的绝大多数人的生产和生活仍然需要依靠农村。即使未来中国的未来城镇化率达到 80%，仍将会有近 3 亿农民的存在。

二、小农户走向现代化的两条路径探索

当前，解决小农户走向现代化，可以从两种不同的思路进行探索：一是主要通过资本扩张和规模化经营，使农业融入现代化，其结果是挤压小农户的生存空间；二是主要通过发挥小农户的潜能，开展合作，通过组织化来实现规模化，并提升小农户的生产经营水平，吸收与推广先进的生态技术，帮助他们融入现代化。

1. 农业资本化运营及其存在的问题

那种将农业现代化等同于专业化、大规模化，并以公司化取代小农经营的想法源于理论的误导。经济学理论解释，任何组织的专业化程度都是根据实际情况权衡的产物。例如，专业化的益处与它带来的交易费用的提高之间的权衡，根本没有笼统的“越专业越好”的道理。

公司规模化经营对于那些易于标准化生产的农作物（例如某些经济作物）有一定优势，但是多数情况下（特别是粮食等大田作物），对比小农户家庭经营，公司规模化经营并非天然具有效率优势，当考虑到抵御农业风险的因素后，甚至并不比小农户经营效率更高。

换言之，农业公司规模化经营的“资本盈利区间”是比较窄小的。从世界范围看，无论发达国家还是发展中国家，农业主要经营形式并不是公司制度，而是家庭经营。无论是农民组织还是社会化服务体系，都是围绕着家庭形成的。

农业在生产环节的合理组织形式是家庭经营而不是资本经营。家庭劳动可以通过有效地进行劳动安排、自由决定劳动投入量以适应家庭生命周期，也不影响农业生产环节对专业性的要求。这种特点在户均耕地少的小规模农业下，更能发挥其优势。

在人多地少的东亚一些国家与地区，明确地限制或禁止“资本下乡”。我国近些年来对农民的补贴与保护在增加，但是在农地保护、抑制土地投机和对土地资源管理的法治化上做得不够。资本下乡后为追求最大利润，难以充分利用农村的“质量较低的”、多样化的资源，还会尽量减少人工成本的投入，从而造成土地生产率的下降。近年来凡大资本以圈地方式进行大规模土地流转的大都失败，甚至相当一些公司因种田不合算将土地多年撂荒，致使政府出台了撂荒土地限期收回政策。

我国因人多地少，勤劳、智慧的农民在长期农业生产中，培育和总结出许多适合本地的独特品种、种植技术和地力培肥技术，但是大资本看不上这些技术。在以资本为动力推进农业现代化、标准化的同时，不少地域具有上百年历史的独特品种和传统耕作技术正在消失。

值得注意的是，2011 年联合国粮农组织的报告也已经指出类似的问题，号召要重视和发挥传统农业生产方式节约资源的优势。

当前，一些地方政府将农业现代化与大规模经营和公司化等同起来，除了资助资本下乡，还在经济上补贴支持大户。我们认为，对此政策必须进行国民经济评价，即必须从全社会角度计算其得失，不能仅仅凭借局部单位的财务评价来做结论并加以样板化。

一些地方寄望于拔苗助长地扶持大户的做法之负面影响已经显现。有学者发现：当前以土地经营权流转为基础的大户经营，虽然具有资金、技术与组织的优势，但是很难成“粮农”。大户经营产生了非粮化趋势、产业环节转移以及土地分级承包现象，不仅违背了粮食安全的初衷，且排挤了小农经营和家庭经营这类真正的粮农，使国家支农资源的目标发生偏移，扭曲了乡村地权结构。需要谨慎推行以粮食安全为目的大户经营模式。

在政府用公共资源扶持“大农”时，如果因此忽略数量更多的、那些盼望扩大耕种规模的“中农”，致使他们得不到起码的适度规模的耕地而难以持续经营农业生产，那就是本末倒置、得不偿失了。一些地方“揠苗助长”地扶持规模化农业生产典型，这可能只会施惠于拥有特殊社会资本、足量经济资本和人力资本的大户和富裕的农户，而对多数的小农是无益。

我国普通小农户中，那些依赖农业与农村而有望小康的那部分人，虽有潜力但也需要帮助，如果他们难以维持与发展，就可能产生一些令人担忧的局面：农村中间层越来越小，仅留下“大农”和无法转移进城的“留守老弱病残”。这对社会的稳定意味着什么呢?

那些仅从“最理想经营规模”计算考虑的人，认为中国农村只需要数千万人，这是否意味着目前生活在农村 2 亿的农户、6 亿多人口的农民将要被挤出农村，而不考虑他们能到哪里去，该如何生计呢?

2. 合作组织引领小农户发展

无论是公司还是大户都不如合作组织那样，能够给多数种地的小农户带来生存与发展的条件。

第一，合作组织可以争取产业链的利润。在市场经济条件下，农产品特别是大宗粮食作物的生产将表现出其在价格上的劣势，只有通过农产品加工提高附加值、垄断销售以及国家对价格的保护，才能保证农产品销售获得社会平均利润。这是可以通过组建农民合作经济组织来加以实现的。另外，以适度生产规模为基础的小农户，其经营模式的农业生产的风险规避和控制，也需要在合作社组织之下才能够获得实质性的进展。

第二，合作组织是为按照小农户需求而提供服务的机构。在我国，小农户的兼营性与家庭经营性，意味着它要求对接市场的需求是细碎的、多样的、小而全的，即需要小规模的综合性服务。无论是技术学习，还是供销、信用借贷的需求，小农户都缺乏专业性商业机构所希望的规模性，以至于专业化的商业机构难以满足也不愿意满足小农户的特殊需求。

而合作组织则不同，它是专门为小农服务的。它可以提供购买优质低价的生产资料和技术服务，提供农产品加工和销售服务。同时，它还可以伴随生产和经营规模扩大而产生金融服务，以及适当的外部投资。

第三，合作组织有利于稳定、和谐、繁荣的新农村建设。对于多数小农，农村不仅是收入的重要来源和基本就业地，也是全部的退路和保障。让留村务农的农民有机会扩大经营规模，让进城务工失败的农民有退回农村的选择机会，是农民的基本人权。与外来资本不同，占农村人口多数的小农户的生存离不开农村，他们的生存与农村的兴衰息息相关。

只有他们的基本利益在城市化、土地流转、资本下乡等非农政策贯彻中得以保障，才谈得上农村的稳定与繁荣，我们才能说农村可以成为中国现代化的稳定器与蓄水池。农村也是中华五千年传统乡村文明的载体，农民自己更加盼望有一个和谐、稳定、繁荣的农村社区。

第四，合作组织使多数农民的能力得以发挥。作为我国现代化农业生产者的中坚力量，未来适度规模的家庭农场的主体，以种地为生的小农户需要保护、需要服务、需要农村。小农户成长成为适度规模的现代农业经营者是一个漫长的过程，但是任何政策都代替不了这个在必要帮助下的自主成长过程。农业现代化，说到底是农民自身能力的增长，而较之外来工商资本、较之鹤立鸡群的大户，合作组织最适于满足当前小农户学习的需求。

三、希望在综合农协

最近一些年，国家每年投入农村的资金都超万亿元。走农业资本扩张和规模化经营的道路，试图从投资上突破，这条路中国已经走了多年。走农业种子、肥料还有互联网电商的道路，可以归入技术突破的道路，这条路在早期和目前都有尝试，但在实践中常常难以独立支撑。走巩固乡村现有基层组织，加强对乡镇和村“两委”管理的道路，是基层治理之路，这条路在最近几年已经用上，但存量改革十分困难，效果不大。

目前，在中国农村还有 2 亿多小农户，他们高度分散在合作基础薄弱的小农经济基础下，需要寻找真正能给农民带来共富效益和城乡平等利益的突破口。从中国大陆、台湾地区，以及日本、韩国的经验出发，建设乡镇社区化的基层合作组织，即综合性农民协会或者农村综合发展合作协会，是寻求组织突破的新道路。

综合性农民协会或者农村综合发展合作协会，以人为本，“低成本”重构农村组织和制度，带动农村和农业的就地现代化，同时实现城乡统筹。这条路径已经有了不少成功的实践。下面以三个案例加以说明。

1. 山西永济蒲韩社区的综合农协

山西永济市蒲韩乡村社区是覆盖蒲州、韩阳两镇 27 个行政村、3 千多户、1 万多人口的综合性农民合作组织。2007 年，按照政府兴办农民专业合作社的要求，将会员组合成 18 家合作社和一个有机种植联合社，农民协会也变更为蒲州镇果品协会。

不过，他们一直没有打乱 2004 年登记时的农民协会的核算体制和组织方式，且在原组织基础上，以有机联合社为依托创建资金互助部、城乡互助中心、农民技术学校、红娘手工艺中心、青年有机农场、高龄老年人照顾中心、蒙学堂等各类经济、社会组织，形成了多功能综合农协的组织网络，并按照所在乡镇的地名，取名为“蒲韩乡村社区”。

经过多年探索，蒲韩乡村社区在带头人郑冰的带领下，走出了一条完全依靠农民自组织的可持续发展之路。全网络 3865 户农户会员，占所在区域农户总数的 62%。2015 年销售收入超过 5000 万元，净盈利超过 300 万元。由当地居民组成的专职受薪团队 113 人，其中大中专学生占比 60% 以上，平均年龄不足 30 岁，形成了一支本土化、年轻化、专业化的职业团队。

在这个组织的综合服务下，自 2012 年起，3000 多农户连续 5 年、每年在农业上的增收幅度都超过 10%。这主要归功于这个农协组织在流通上形成了三条通路，为农户提供了较为完整的农产品销售渠道。一是通过城乡互动中心和消费合作社，在永济市（县）和运城市（地级市）发展了 8000 多户城市居民，为他们提供的各类农产品就占到农产品销售总量的 20% 以上；二是与永济和运城的超市签订了合同，大批农产品进入城市的大中型超市；三是将农户视为消费者，为他们进行农产品内部市场交换，在玉米的外部市场价格低迷的时候，通过内部市场，将种植户的玉米卖给农协内部的养殖户，从而实现了保价流通。

这个组织凭借合作团队的努力和十多年来坚持服务农户会员的基础，形成了组织内部的信用机制。他们通过 18 个辅导员包户的方式，建立了所有会员农户的家庭档案，从而为开展小额贷款的合作金融服务奠定了很好的基础。

蒲韩乡村社区的成功经验，证明了综合性农民合作组织可以发展出单个村庄所不具备的规模化的服务效能。农民合作组织不仅可以做经济合作，还可以做社会合作，而经济与社会合作的联结，正符合农村居民生产和生活一体化的客观规律。

2. 河南兰考南马庄合作社

河南省兰考县南马庄生态农产品专业合作社成立于 2004 年，原名为兰考县南马庄农民发展合作社。合作社下辖大米加工厂、资金互助部、植保部、销售部、老年人协会和文艺队。合作社成立近 14 年来，一直在村庄层面探索生产合作、供销合作、信用合作的“三位一体”模式，这其实就是中国式的发展综合农协的路子。2006 年，习近平总书记视察温州瑞安的“三位一体”模式时予以肯定。

南马庄合作社是村支书张砚斌从带动村民种植无公害大米开始的，十几年来，他们在生态农业的可持续发展和销售模式上坚持探索，将传统技术和现代技术结合起来，进行多样化和循环农业的生产，先后建造了150座沼气池，用发酵床养猪法饲养“快乐猪”，猪粪和沼渣用来做水稻、小杂粮、莲藕等农作物的肥料，农作物下脚料做猪的饲料，形成农产品生态生产循环链。

该合作社通过运用统一供种、统一供肥、统一施药、统一加工、统一品牌、统一销售的“六统一”方式托管土地4050亩，涉及水稻、莲藕、黑花生、黑绿豆、黑芝麻等19个种植品种。产品先后获得了“全国休闲农业包装创意”银奖、“大别山区农产品博览会”金奖、“中国具有影响力合作社产品”品牌奖，2014年合作社的资金互助部获得了“中国银行业协会”微型创业奖，2015年合作社加工厂获得了农业部颁发的全国农民合作社加工业示范社等奖项。

南马庄还在全国较早探索“社区支持农业”这类城乡互助型生态农业。随着南马庄合作组织建设发展的成效引发了诸多媒体的关注，南马庄系列农产品成为当地的知名品牌，不少地方的农民纷纷来学习合作社发展经验。总书记习近平，河南省委、开封市委和兰考县的各级党政主要领导，知名社会人士都曾来过南马庄视察和指导工作。

3. 河北内丘金店新农协试验

2015年3月，《中共中央　国务院关于深化供销合作社综合改革的决定》颁布。文件要求推进供销社综合改革试点，使供销社成为生产合作、供销合作、消费合作、信用合作以及社区综合服务一体化的综合性农民合作组织，成为党和政府抓得住、用得上的为农服务骨干力量。其中，特别强调基层供销社要“为农、务农、姓农”，以农民为主体，密切与农民的利益相连。

河北省内丘县金店镇新农村综合发展合作协会（简称“新农协”）试点是在这种背景下推进的。2015年9月，中国社会科学院社会政策研究中心、北京“农禾之家”咨询服务中心综合农协研究组与河北省供销社，就“河北省基层供销社综合改革试点”签署了咨询服务合同，负责在充分调研基础上提出试点方案，帮助和支持试点解决各类难题，并做出评估和总结。

内丘县委、县政府于当年 11 月下发推进基层供销社综合改革方案，成立了试点领导小组和试点镇——金店镇新农协筹备组，由县供销社副主任吴庆丰担任组长。当年 12 月在金店镇选择了 6 个村开始试点，每个村选拔了一名妇女骨干做组织员，在为农户提供团购团销消费品和社区服务的基础上动员农户入会。

到 2016 年 4 月，6 个试点村八成农民入了会，召开了“新农协第一次会员代表大会暨成立大会”，选出 5 名理事和 3 名监事，组建理事会和监事会，两名农民被选为理事长和监事长。

新任理事会聘任吴庆丰为新农协总干事。在吴庆丰的带领下，由原乡镇供销社职工、受聘大学生，以及试点村的妇女组织员组成的总干事团队全力推动试点工作，试点从 6 个村扩大到 21 个村，再扩展到全镇 33 个村。

其间，他们组织了为农户购买种子、化肥，小飞机喷洒农药，小麦收购，留守儿童禾趣营，以及“美农金店空间”建设等多项经济社会文化活动，新农协巡讲会在 33 个村讲了 40 余场。 这样的活动红红火火，让农民找到了久违的群体中的快乐，感受合作的好处，接受了新农协的综合合作方向，积极踊跃地加入新农协。

到 2016 年 9 月下旬，全镇入会农户达到 5507 户，入会率达 57%。金店镇新农协也在县委县政府的支持下，于内丘县民政局正式登记注册为社团。

这个新型社会组织，以合作制为原则，以选任和聘任相结合为组织方式，以民主选举、民主管理、民主监督为治理规范，是一个真正“姓农”的组织；同时还具有跨一二三产业的“为农”“务农”的经济功能和社会服务、文化服务的功能，是服务农民生产生活的生力军和综合平台，是党和政府密切联系农民群众的桥梁纽带。

金店镇新农协的经验证明，农民群体中蕴含着极大的合作热忱。他们不是不能合作，而是多年来没有机会尝试合作。合作要从利益攸关、简单易行的事情开始，在实践中不断学习才能提高合作的能力。

四、中国小农户如何做综合农协

我们今天来做综合农协，既有有利的一面，又有不利的一面。如何利用今天这么多优越的条件，转化成为我们的目标服务的物质资产和知识资产，才是今天能做好综合农协试点的要义。

在今天的条件下，我们走综合农协的路可能和他们当时的方式不同。我们认为，做好综合农协要解决三个问题：资源从哪里来？怎么办综合组织？如何分配？

第一个问题，资源从哪里来。如果由农民自己集资，自己慢慢地做，这不仅很慢而且很困难，在今天，速度就是效益就是资产。速度太慢最后资产就被耗尽。其实，中国目前已经有了非常多的农民组织，我认为中国大地上自发生长的综合农协——山西永济蒲州镇郑冰领导的协会就是最为典型的一个例子。

但是，若是得不到政府的政策和资源的大力支持，农协发展就会很艰难，速度相当慢。日本与韩国农协的资源一半来自政府一半来自自己的积累。中国在人民公社时代生产队也曾有自己的集体资产，可惜全都分光吃净了。现在重新做，需要政府想清楚，而且需要用法律来保护农民组织的资产。始建试点的综合农协登记的是社团法人，资产是综合农协的。

我们现在的政策是将各部门对农业的支持直接配置到农户，例如平整土地改造低产田，是对拥有土地的农户直接投资。这些投资不能说没有效果，只是对于能力比较低又缺乏农业技术的农户来说，其投资效果很低甚至等于零。

我们现在的合作社规模很小，三五十户，做不好就被淘汰了。现在的合作社有大部分是大户说了算的公司，大户的股份超过一半甚至占到百分之七八十。他们之所以做合作社注册，就是为了拿到政府给的资助和优惠政策。

尽管政府在颁发农民专业合作社的法律规定时，要求大户股份最多不得超过四分之一，但是，在现实中对于股份大量超过法律规定的农户，我们又无可奈何。由于政策执行的偏差，直接影响了政策目标却无力纠正。这也说明，用经济合作社的方式来组织农民基层组织是很难收到综合效果的，也无法建立起农民组织内部的自我监督的自治机制。

如果政府将投资给予综合农协这样的组织，并且综合农协不采取专业合作社那样的重复覆盖的方式，而是按照够规模、全覆盖、地域性的原则，基本上一个乡镇一个农协的方式来建设，情况就会大不一样。

第二问题，怎么办综合农协。首先必须明确我们做的不是专业合作社。综合农协下面可以有多种多样的专业合作社，还可以办农产品加工厂、信用部、超市，甚至农民学校。如果有了一个平台、有了一支队伍托起政府的这项投资，那么就可以实现党和政府要农民共同富裕、集体发声的目标。这样，乡干部也就不需要为了忙不过来的项目而发愁了。执行政府项目的团队就是综合农协的工作专班，是一支职业化专业化的队伍，是拿工资的人。只是他们不是由政府招聘，而是由农协招聘的，他们由农协发工资，要为农民精诚服务。他们做得好不好，要农民参与考核，这不是比政府事业干部机制更好吗？用市场化或者半市场化的机制来改造农村基层的事业单位，这是综合农协的另一个重要意义。

第三个问题，如何分配。我们帮助综合农协成长壮大，有了资产之后，分配就变得非常的重要。有两类分配方式：第一类是农协组织的分配。这类分配当然要为全体农民的利益着想。投资于农协的公共设施，包括增加经济资产或者社会福利设施，要为全体农民提供公共服务。农民需要但是个体农民自己无法做到的农业技术推广服务、健康服务、养老服务，还有农村的教育扫盲的服务、妇女和青少年的服务、文化服务，等等。

另外一类分配就是和农民直接相关的分配。综合农协底下有很多小合作社或者叫作生产组、产销班。这些小合作社就是帮助入社的农民维持收入和增长收入的。小合作社可以入股，而且应该运用合作股份制的原则来入股。综合农协要支持这些小合作社，让他们有自己的资产、有自己的产品，让他们帮助入社的农民能够得到更多的收入，还要帮助小合作社做好品牌，做好农业技术推广。

这就是说，综合农协的主要责任不是直接给每个小农户发钱，直接的让他们增收，而是通过综合农协的地位、资产和治理政策，在政府的总体政策支持下，通过帮助每个小合作社来帮助每个农民提高农业技术，选好品种，以技术促进农业增收。由于综合农协有规模，可以实现联合购销，通过联合购销可以打开市场，帮助农民的优良农产品有一个好的市场营销渠道，能卖出好的价格。

综合农协有了足够大的规模，未来就可以和市场的商家谈判，农产品的价格怎么才合适，这些都需要市场谈判机制。因此，只有农协组织壮大了，有资产有资本了，才能够集体发声，反映农民的意见，才能和其他的社会主体平起平坐，才能争取到自己的谈判地位。

但是，让农民只是得利也不行。个体的农民，他们的眼光里往往只有自己，看不到全面的，连他自己所需要的很多服务也意识不到。这些服务由于是大家都需要的，而且共同提供能够降低成本、提高效率。因此将具有集中需求的公共性服务，需要进行相对大规模的规划、安排和供给。

那么，这些公共服务到底是由政府提供为好，还是由农民组织来提供呢？

如果农民组织能够成为农民和政府之间的纽带、桥梁或者枢纽的话，那么这样的农民组织提供公共服务是最为有效的。这是日本、韩国一百年来的实践经验所证明的。

五、综合农协落地的探索

1. 多主体多路径的探索

综合性农民合作组织落地，要进行多主体多路径的探索。什么是“综合性农民合作组织”，我们很难给出确切定义。但是，我们可以归纳出它所包含的某些基本要素：经济社会功能统合、社区性和规模化，甚至有利于实现官民共治的乡村治理原则。

涉及这些要素的许多涉农的社会经济主体，都有可能参与探索综合性农民合作组织的尝试。例如，专业或者综合性合作社、各类涉农的协会、涉农的公司、涉农的研究部门、涉农的事业单位、农民企业家、公司白领、返乡中青年、返乡大学生等。

而村委会被赋予了土地产权的管理者和保护者的角色，已经没有经济功能，做经济工作要通过合作社进行。当合作社成为政府在基层执行者之后，在现在条件下回归扎根农户的农民组织性质恐不容易，因而向综合性农民合作组织方向转变难度可能较大。

若村委会主要负责人兴办农民合作社，比如以合作社理事长身份推动村庄的经济事业，又能利用村庄撤并的机会，或者自己的影响力，将合作的范围拓展到连片村，那么也能推动综合经济、社会事业的规模化。“农禾之家”联盟多家成员进行农民合作社的探索，就是这个路径。

至于涉农的事业单位如供销社，有没有可能走上探索之路呢？供销社在最近几年有很大的发展，尤其是不仅做供销，还兼做合作金融、农技推广、农品加工等，在综合性的经济功能上已经走到几乎所有拥有政府背景的组织的前头。但是，它在社区性上有先天缺陷。供销社本是由农民入股发起的，却走上了政府事业单位编制、官办公司运营的路径，已经完全不具备来自社区、自组织以及各资源主体平等连接的基础条件。如果供销社尝试走综合农协之路，是否会走上“以官为本”的官商之路，值得注意。

而专业合作社可以尝试首先走综合经济功能的合作社，然后扎根社区发展社会事业并在功能优化过程中逐渐改进组织结构。曾经是不同部门的协会组织，例如农业技术、合作金融、产品供销、农村教育的协会可以从自己的专业出发逐渐扩展，与社区的农民更深入地联合并产生新的组织。愿意为社区为农民服务的农业公司、社区型公司、农民企业家、大户，都可以从各自的优势出发，联合社区的农民组织，共建综合性、规模化的综合农协组织。

总之，不同主体的不同需要、不同组织的不同路径，相互组合的各种可能性，都蕴含了探索的无限多样性。只要辅之以政策鼓励并因势利导，这一走向综合的探索大趋势对于推动我国农民合作组织发展，乃至农业、农村、农民就地现代化的发展都会大有裨益。

2. 建构懂农业爱农村爱农民的“三农”工作队伍

十九大报告中特别提到需要建立一支懂农业爱农村爱农民的“三农”工作队伍。这是实现乡村振兴战略的重要政策。但是这支队伍的主体、主要组成群体是党政干部组成的扶贫工作队、村干部、大学生，还是新型职业农民呢？我们认为都不是。我们认为，真正能发挥作用的是“三农”工作队。因为“三农”工作队是在地的，是“姓农、为农、务农”的农民自己的队伍，而不是外来驻扎本地的各类工作队。

从根本上说，他们是当地农民组成的全职工作团队，主要由当地青年农民组成，工资来自综合性农民合作组织的经营收入。政府给予农民合作组织以政策支持而绝非直接发工资。只有这样做，才能激发综合性农民组织的动力，为自己的利益而奋斗。而谁来带领这支队伍，谁来培育和支持这支队伍，就成为党和国家政策操作层面的要义。

2012 年以来，北京“农禾之家”咨询服务中心依据多年的实践经验，尤其是以蒲韩乡村社区建设为基础的经验，总结开发了“乡村社区工作者”系列教材，共 10 种。教材内容包括乡村社区建设的理念、合作金融、合作购销、农技推广、社区服务、财务管理、项目申报与管理等。通过系统培训和实习考核，实践证明对农民合作社骨干很有指导作用。

在人才培训中，尤其要注意的是正确理念的导入。按照十九大的精神，振兴乡村的关键在于通过合作组织振兴小农，而非振兴资本。资本只有为农民合作组织服务，支持农民合作社走向综合农协，支持生态农业的发展，才能对乡村振兴产生正向价值。

另外，还要注意一支不可忽视的力量，是来自农民企业家、农民工、职业白领和退休人员乃至刚毕业的大学生组成的返乡大军。他们最具有创新意识和实践精神。未来这部分人也许会成为中国第三波新乡村运动的中坚力量。

3. 走综合农协道路，需要稳定宽松长期的政策

走综合农协道路需要对当今多种涉农组织的方向性引导。如果要支持这种探索，宜出台一种相对稳定、宽松、长期的大政策。

我国的农民合作组织成长于社会转型的历史时期。诸多的现实矛盾和历史问题交织在一起，使得我们瞻前顾后，不可能轻装上阵去统筹解决各种纷争，甚至需要以更加宽容和包容的态度在一段时期内搁置争议，少争论、不争论，让时间和实践来证明。

因此，今后对农民合作组织走向综合农协的方向应该本着长期支持的态

度，不因枝节问题改变、放弃、干扰，甚至毁坏对中国未来可能意义深远的需要时间过程的创新组织与制度，也不要揠苗助长、限时间、赶速度，越俎代庖，以“运动”方式破坏其必须经历的自我成长过程。

多样性、曲折性、试错性是任何组织和制度创新的必然特征，不宜求全责备。例如，合理和有前途的新型组织在开始时往往难以获得合法性，这几乎成为改革进程中的规律。在综合性农民合作组织的法律没有形成之前，有关部门可根据现实的法规给予恰当可行的帮助，让试验或试点能继续进行而不至于无谓搁浅。对于探索进程中的问题，也需要甄别性质，保护农民组织负责人和成员的积极性。

有些组织功能的扩大涉及调整现有管理格局和现行规定，特别需要有关领导关心甚至亲自调研，从农民合作组织那里发现处于萌芽状态的新事物，以开放的态度、改革的精神开辟农民组织领域的“特区”“特例”，从政治上予以保护，从政策上予以支持。尤需注意的是，这种支持并非主要是物质或项目的支持，而是方向上的肯定。过分的物质支持，生造出来的“典型”经不起历史的考验，在现实中也常常起到负面作用。

4. 综合性农民合作组织探索性试点的方式和策略

倡导和支持农民合作社借鉴东亚模式，走向集合作金融、供销、农技推广、社区服务为一体的综合农协方向，是中国乡村基层组织的制度创新。要创新就会有风险，就需要通过试点予以检验。最初的探索经验已经提示我们，这个过程蕴含着多方面的变革，需要政府部门、涉农政策及各有关机构自身的调整或改革，甚至需要立法部门进行有关立法和有关法律的修订，这就需要尽可能将系统的制度设计和基层实践的要求结合起来。

试点需要分层级，基层试点需要上级支持，中央与地方、政策部门、功能部门和基层组织需要摸索一种鼓励创新的机制，因地制宜地提出试点方案，分别展开单项和综合性试点。既然是试点，就要允许探索，允许失败，在失败中积累经验教训，为未来长远的制度设计和政策决策做好准备。

关于综合性农民合作组织探索性试点的总体思路，我们建议：试点要点面结合，即中央提出农民合作组织走向综合的大方针，各地可以在现有框架下自行尝试，政府要支持农民组织的首创精神，同时中央选择若干县市做具体试点。

试点的关键在于基层合作组织的重构。可以先行推动融合合作金融、合作购销、合作生产的社区性的经济综合的合作社发展，促其成为未来农村综合合作体系的基层组织。具体可指导目前的基层示范合作社兼具金融合作、购销合作、农机农技推广的功能。同时，支持他们以乡镇社区为范围发展社员，积极参加当地社区公共服务事业，培育和运用社区的互信网络及社区的各类资源，尤其要善用体制性的管理资源。

除在基层试点外，还应当考虑县级试点的探索。县级综合性协会要对乡镇组织做出指导和培训，在经济上尤需注重基层组织最需要的农产品物流系统、批发与零售结合的公共市场的建设。

当县级综合性协会发展取得一定规模和成功经验后，可以设立区域性的综合农协联合会，区域可不局限一省，可跨省连片设立。在区域联合会的结构里，可重点试验各县级协会间的合作方式和内容。例如，将依托乡镇农协设立的内置合作金融与更加强调区域联合的农产品物流系统，作为县、乡级综合性组织间合作的关键内容，以及探索如何让基层乡镇的综合性组织有秩序、有计划地进入城市市场的路径。

在进行综合性农民合作组织探索性试点过程中，最难逾越的障碍是现行体制下政府各部门间的利益分割。如今仅在农民合作金融方面，就有银监会、农业部、供销总社、民政部、国家扶贫办等多个政府部门介入，其政策做法各不相同。一个基层示范合作社也有好几个部门各自为政。至于给合作社资助的各层级政府以及各部门的机构更是五花八门，甚至多达几十个。试点能否超越部门利益，能否在一个统一的大方向下整合这些利益配给政策，可能是一个最大的考验。

此外，还要跨越将农村的经济与社会二元化，甚至二元对立的人为的思想和制度鸿沟。很长一段时间，对农民组织只要求搞经济，不涉及社会服务的“单纯经济观点”，已经是造成思想僵局的重要障碍。多年来“唯GDP论”，不顾社会与生态失衡，对社会的和谐与人的生命健康带来的苦果还远未终止，我们要防止用类似的思路来对待我们的乡村建设。

当前，合作组织的尝试具有多样性，保持其多样化生机，减少多部门任意干预应该成为重要的政策。一些农民组织自带“干粮”涉入社区服务领域，这是好事。总之，试点最需要国家在大方向上的引导，具体指导不可陷入部门利益的争夺。

六、“农禾之家”以“百乡工程”推动乡村振兴的探索

“农禾之家”是以探索中国“三农”道路为使命的民间非营利组织，在国内最先提出综合农协是中国“三农”改革突破口的理念。农禾之家的雏形于2005年在中国社会科学院社会学所诞生。2012年，正式登记注册为北京农禾之家咨询服务中心。

直至今日，农禾之家已形成北京农禾、成都农禾、农禾基金会三家共举的格局，做了禾力、禾趣等培养乡村骨干、开辟乡村公共空间的工作，力图通过综合农协试点倡导适合国情的“三农”政策。但是，高远的使命如何与复杂嬗变的乡村基层实践结合起来，并未实现根本性的突破。而这与一段时期中国的客观环境有着很大的关系。

农禾之家以“百乡工程”推动各地探索乡村振兴、综合农协提供一套系

统方案，将规划、经济、技术、组织、人才等要素整合起来形成系统化服务。这些方案的形成，一部分基于以往在地试点经验的积累，一部分是融汇新经济、新技术、新工具的创意，这一切都有待大家的共同参与和共同创造，尤其需要“政、产、学、研、社、农”六领域互联互通。

2018年以来，农禾之家在最短时间内，加紧补短板，将科技、流通、经营和人才等拉动产业兴旺的关键要素投入“百乡工程”试点设计，提出了“做规划、好产品、卖好价、搭平台、建组织、推人才”的试点乡镇工作方法。2018年3月，农禾之家与内蒙古赤峰克什克腾旗经棚镇签订了“百乡工程试点”的合同。2018年5月，农业规划、微生物技术试验的产业项目论证，经棚镇党和政府的平台，经棚镇农业发展合作联合会，以及内外人才相结合的“五人青年工作队”的工作全部启动。目前“百乡工程”与四川金堂县已经签署了试点合同，与山东等地的几个县在磋商中。

这个试点的目的，就是要摸清楚乡村振兴战略在县、乡具体落地的途径和方法。我们认为，落实乡村振兴二十字总要求，需要凝聚在一个焦点上，这就是以农民为主体的人的活力的激发。它表现为无须政府补贴和不以破坏生态环境为代价的乡村社区的经济自立和在其之上的文化自觉，它通过党统筹政府各部门和社会资源、运用行政的市场的社会的各种力量，支持农民合作组织，带动小农户实现乡村振兴。任何脱离乡村，不以农民为主体，不谋求乡村社区自立发展的路子都不在我们的选择之列。

这次“百乡工程”的试点，在方法上比以往有了重要突破，这次是由县、乡两级党委搭平台，统帅各部门和各类社会资源，推动农民合作组织在乡、镇级建立农业综合发展合作联合会。联合会有职有权，是连接涉农主体如小农户、专业生产组（产销班）、专业合作社、流通企业、信用部门与乡、镇党委之间的最权威的连接器。其主要功能有三：落实当地优势产业规划，做好产业投资项目；以微生物技术替代化肥农药，修复土壤，做出好产品；好产品卖好价，做好农产品销售的公共服务流通平台。综合性农民合作组织的地位和功能都大为提升，成为党和政府落实产业兴旺不可或缺的支持性组织。建立这样的组织，是实现乡村振兴的基础性工程。

为摸索产业兴旺的推动工作，农禾之家在试点乡镇的主要做法是，组织科技专家团队针对当地地理位置、地形地貌、土质情况做好自然生态、资源禀赋和人文耕作传统的调查，在此基础上提出符合当地长远发展利益具有当地独特优势的农业产业规划。并且在科学论证的基础上，提出产业投资项目，设立或进入相关产业基金。另外，通过筹措慈善资金支持乡、镇青年工作队，协助乡、镇联合会做开拓性工作。慈善资金只做先期支持，随着当地产业发展，联合会经济的成长，慈善资金要逐渐退出。

总之，走出乡村困境，实现乡村振兴，小农户与现代农业发展有机衔接，必须在乡村建立一个既能与农民有血肉联系，又能贯彻党和政府的方针政策，将社区的自治、法治、德治相融合的新型的综合性农民合作组织，并对其进行高质量发展的制度建设和法治建设，让其成为中国农村和农业的压舱石。

十人谈◎廖晓义

北京地球村环境教育中心创办人兼主任

作者简介

廖晓义，中山大学哲学硕士、美国费尔菲尔德大学荣誉法学博士，原四川大学哲学系教师、中国社会科学院研究人员，美国北卡罗来纳州立大学访问学者，北京奥组委环境顾问。她曾放弃美国绿卡选择回国创业。1996 年创办公益组织北京地球村环境教育中心，在北京和川、渝、湘、鲁等地从事城乡生态社区建设的一线工作，致力于传统文化和社会工作的融合。她是中央社会主义学院统一战线高端智库“中华民族共同体的社区传承与创新模式研究”课题负责人。曾荣获“2000 年国际环境大奖‘苏菲奖’”，中华人民共和国环境保护部等七大部委颁发的“2006 绿色中国年度人物”等奖项，被全国社工联评为“2016 年全国十大社工”。出版专著《东张西望：廖晓义与中外哲人谈环保药方》，发表论文《以传统文化推进现代治理》《学习型乡村的中国实验》《振兴乡村的关键在于振兴中国精神》等。

【摘要】

五行相生相克、阴阳调和的中医思维对于乡村振兴有着重要的方法论意义。乡村治理的关键是能否调整政府与社会、城市与乡村的阴阳失衡；乡村振兴的成败，则在于能否从单向的扶贫与硬件建设，转向社会、经济、文化、环境和健康五行生克、相辅相成的整体发展。笔者历时十年的“乐和家园”建设，是以党委政府为主导力量、以社工站为技术支持、以互助会为自治基础、以联席会为共治平台来激发社会机体的活力，实现政府与社会互补共生的阴阳平衡。在此基础上进行的大院、书院、庭院的空间营造，实施乐和治理、乐和礼义、乐和生计、乐和人居、乐和养生“五位一体”的统合解决方案，运用传统中医智慧，在振兴乡村方面进行了艰难而又积极的探索。

用中医思维治理乡村

2016 年 8 月，美国纽约，每年一度的联合国可持续发展民间峰会在联合国大厦举行。作为一名乡村建设的践行者，我与 78 岁的老中医吴生安先生联袂发言。我们演讲的主题是“用中医思维治理乡村”。吴先生讲上半段——关于中医思维的要义，我讲下半段——如何用中医思维治理乡村。这个有趣的跨界组合成了峰会上的一道风景。

我与中医的结缘，始于我的西行东归路。我曾是四川大学哲学系的教师、中国社会科学院的学者和美国北卡罗来纳州立大学国际环境政治的访问学者，1996 年创办公益组织地球村环境教育中心。我曾在迷恋西方哲学、追随西方文明，以及学习西式环保的路上走了很远，直到在这个过程中对其产生了怀疑和困惑，不得不重新寻找自己的文化根脉和安身立命之所。

十八年前所经历的一件事情，终于促使我东归。

那是2000年夏天，我去挪威接受“国际环境大奖‘苏菲奖’”。这是被苏菲基金会称为“诺贝尔环境奖”的奖项，每年只颁发给一个组织或一个人，颁奖仪式非常隆重，挪威各界许多名士和政要出席，之后还安排我和挪威首相见面。他们对我的获奖演讲只有一个希望，就是讲讲中国文化，讲讲儒释道或者“阴”和“阳”，为此还专门请来北京京剧团的演员助兴。而那个时候我发现自己除了这张中国脸，实在不了解也讲不出中国文化。这件事对我的刺激很大，于是“知耻而后勇”，回国后发愤补习国学。刚刚初中毕业的女儿为此休学，母女组成“两个人的国学班”，寻访儒、释、道、医的传人。

这期间我遇到了一位民间老中医吴生安先生，深深为其大医精诚的医德和医术所折服，于是拜他为师学习中医，而他也破例收下了我这个不是医学行业的门外汉。然而，这个学习历程因为2008年汶川地震中断了。那一年我带着团队参加了四川彭州通济镇大坪山的灾后重建，从那以后，又相继在重庆巫溪县和南岸区、湖南长沙县、山东曲阜市等地，为政府主导的“乐和家园”建设提供社工服务。我没有完成师父给我的中医学业，但却带领团队探索了一条以国学传承和乡村建设为内涵的有根的公益之路。其中一个重要的国学根脉就是中医。我将所学不多的中医智慧运用于乡村建设，从中医思维中得到了很多的启示和帮助。

一、中医思维的三重启示

1. 乡村治理：有形之治与无形之治

我认为，中医思维对于乡村治理第一个重要的启示，就是帮助我们从有形的物质的世界进入无形的能量信息的世界。

西方工业文明的一个重大误区就是仅仅执着于物质层面的发展，所以构成了无限的发展欲望和有限自然资源的矛盾所形成的危机，而西医式环保和西医思维的重大缺陷就是只在能见度的物质的层面做文章，因此无法解决这一危机。要解决这一矛盾必须跳出物质性的思维模式去发现物能、心能和体能的三能平衡的思维。于是，我们倡导的环保由过去的减少污染节约资源扩展到蓄心能、增体能、惜物能，我们参与的乡村建设也由物质层面的扶贫，进入精神和生命的重建。

2008 年，当我作为克林顿创新基金会“全球公民奖”四位获奖人之一，去纽约领奖的时候，不再对中国文化惶恐无知，而是带着文化的自觉和自信，在颁奖仪式上发表感言。我谈到要解决人类面临的生态危机，需要从古老的东方智慧里面寻找出路，减少对于物质能源无限制的消费，而去发现作为健康来源的体能的意义和作为幸福来源的心能的意义，三能平衡才能实现地球的平衡。短短的三分钟演讲竟两次被掌声打断，克林顿本人三次向我表达他从我带来的中国智慧中受到的启发和震撼，让我深感文化自信的力量以及与国际交流的必要。

一周后，我从纽约回到了正在灾后重建的大坪村，那个家家都有天地祖先牌位和“祀先祖如在其上，佑后人焕乎维新”楹联的乡村，继续当村民眼中的农妇“廖嬢”，和他们一起修山村路，建生态房，开协商会。整个过程中予以充分的尊重，尊重他们建房上梁的古老仪式、乡情宗脉的悠久传统、敬天法祖的堂屋香案、慎终追远的丧礼习俗，让这些无形的文化成为凝心聚力共享“乐和”的现代根脉。

我和我的团队清楚地知道，在乡村建设中，不应该只着眼于有形的物质方面，而要去发现和发掘几千年乡土文化无形的遗产，不应该把一些虽然看不见，但是延绵和维系了几千年的、也许现代科学还没有能力破解与理解的习俗斥之为迷信而摈弃，而要用有形与无形的整体全息的世界观去看待和对待整体全息的乡村世界。

2. “阴阳调和”的乡村治理观

中医思维对于乡村振兴的第二个启示，就是阴阳平衡。《黄帝内经》云：“阴阳者，天地之道也。万物之纲纪，变化之父母，生杀之本始，神明之府也，治病必求于本。”中国乡村的问题千头万绪，乡村问题的根源，也可以看作是“阴阳失调”的问题。政府是“阳”，社会是“阴”；城市是“阳”，乡村是“阴”。自然村或者叫自然社区的社会组织解体以及农村青壮年外出打工，造成了乡村严重的“阴虚”。乡村虽然有村支书村主任，那是行政村层面而不是自然村层面的，行政村的村“两委”只有三五人的编制，而一个行政村通常有好几个或者几十个自然村，这些被叫作“村民小组”的自然村，除了一位组长完成行政村“两委”交给的行政任务以外，是缺乏自治组织的，因此也就缺乏处理自然村层面的公共事务的能力，比如垃圾管理、矛盾化解、文体活动、老人照顾、孩子照应等问题很难得到有效的解决。

于是，政府不得不通过加大行政化的力量来处理本来可以由自然村的乡村社会组织来处理的事务，造成乡村治理严重阴阳失衡。而再多的行政人员比起散落的广袤的乡村来说仍然是“缺人”，其结果是过去是靠守望相助就能解决或者缓解的事务，变成了政府不堪重负的行政压力。由于缺乏乡村社会组织的支撑，政府的一些惠民项目因缺少沟通协商，老百姓也不买账，有的地方甚至成为滋生贪腐的温床。社会矛盾的堆积、干群关系的恶化和一些“维稳”问题的出现只是病症之一二。

要改变这种阴阳失衡的状况，就要通过重建自然社区组织来给社会增能、给政府减负，建立以党委政府为主导力量、以社工站为技术支持、以互助会为自治基础、以联席会为共治平台的治理模式，为社会增能，给政府减负，实现政府与社会互补共生的阴阳平衡，让社会机体焕发应有的秩序和活力。

3. 振兴乡村需要整体系统思维

中医思维对于乡村振兴的第三个重要启示，就是运用中医五行相生相克的思维。按照自然界的五行（金木水火土）对应人体五脏（肺肝肾心脾）来解释，乡村就是一个由社会组织系统、文化价值系统、经济发展系统、环境管理系统以及社会的生命健康系统组成的大系统。

一个人发病的基本原因是五行失调，一个乡村存在的问题也可看作是五行失调。一段时期以来GDP主义造成经济一头独大，而社会、文化、环保、健康等发展严重滞后或彼此脱节。这些问题表现在乡村，就是很多乡村不再是一个守望相助的生活共同体。村民都知道，虽然现在口袋里的钱多了，但是原来村里的人情味少了，对于公共事务的态度冷漠是常态。

那么，乐和家园建设从哪里入手来治理这样一个失调的乡村？首先是用乐和治理调理“肺经”，把散了的社会聚集起来，我们的环境坏了，身体垮了，精神荒了，最根本的原因是社会散了，所以一定要把一盘散沙的社会聚集起来；紧接着是用乐和礼义调理“心经”，修复我们的乡村文化，缺少文化内涵的社会组织是没有灵魂的组织，也很难凝心聚力；然后是用乐和生计调理“肾经”，把生计跟上去，否则即使有社会建设和文化建设的成果，也难以持续；继而用乐和人居调理“脾经”，没有可持续的生态环境就不可能有持续的生计，这个时候全方位大环保就会成为大家的共同的行动；最后是用乐和养生调理“肝经”，以身体健康的需求去促成环境健康、行为健康、心理健康和社会健康。这五个方面相辅相成、相生相克。无论从哪方面入手都须是一个阴阳平衡、五行调和系统的解决方案。当代乡村建设，可以用乐和家园建设的模式解决这个系统的方案，具体包含七个方面：乐和理念、乐和社工、乐和治理、乐和礼义、乐和生计、乐和人居、乐和养生。

二、乐和理念：找到一个源头

乡村工作首先需要找到一种通俗的理念和话语，与传统相通又与现代相连，为政府认可又为社会认同百姓接受。“乐和”就是这样的话语之一。

“乐和”源于“天地人和、乐在其中”的古老智慧，体现着“和而不同、天下为公”的大同理想，是社会主义核心价值、生态文明的绿色方向、中国文化的传统智慧的综合体现和通俗话语。用社会主义信念来诠释，是社会共治、经济共赢、生命共惜、文化共荣、环境共存；用生态文明的理想解读，是生态社会建制、生态经济发展、生态保健养生、生态伦理教化、生态环境管理；用梁漱溟先生的乡土文化来概括，是“向上之心强，相与情意厚”；用村民语言来理解，“乐和就是一家人”“乐和就是一条心”。我们发现“乐和”作为共同体思想的通俗表达很受村民欢迎。“乐和”有两个关键点：一是“和”的重塑，要和不要分，激发乡村原来固有的共同体意识；二是“利”的重估，让大家意识到，这世上值钱的不只是钱，心情道义也很值钱，社会关系家庭关系也很值钱，环境质量也很值钱，生命健康更值钱。大坪村的一位“乐和”代表对农民日报社的记者说：“说别的我们听不懂，一说‘乐和’，都晓得了，好事，搞！”

“乐和”不仅是一种理念，也是一种可落地的模式，包括乐和治理、乐和生计、乐和人居、乐和礼义、乐和养生五个“乐和”操作的流程，一个既能够保存村落、农场、医院、书院、集市的规划，又能够发展生态农业、养老产业、养生产业、创意手工业等。这样的方案与模式可以看作是现代化建设的一条发展道路，一条不是在毁灭乡村，而是建设乡村、城乡共生的发展道路，也可以理解为是一种新的文明，一种身心境和、天地人和的乡村生态文明。如果说“乐和”是一种精神，那么“家”则是一种社会关系，“园”就是现实自然的和有形的空间。换言之，“乐和家园”四个字本身就体现着万物共生、天下一家的文化内涵。

三、乐和社工：引进一支队伍

我们应该怎样来认识乡村？农田是万年的古迹，农具是千年的文物，农村是古老的名胜，农夫是历代的恩人！但是，如今的农田遭遇环境污染和生态恶化，农具和传统技艺面临失传，“农村”时常被作为衰落、凋敝的代名词，青壮年农民外出打工，剩下的老人、妇女和儿童成为乡村主力军。而在百年变迁中，最为关键的影响因素是大部分乡村逐渐地失去了建设它的精英人物，失去了文化的传承者和创造者。在这种背景下，完全依靠乡村内生的力量来实现乡村振兴，显然是很难的，因而需要城镇人群的回流反哺，需要借助专业的外部力量来激发和激活、陪伴和培育乡村内生的力量，使之生发成长起来。通过有着文化素养、乡村情怀和专业技能的人士回归乡村，协助当地政府和村民修复乡村社会，激活乡村文化，无疑是解决乡村人才缺失、调和城乡阴阳失衡的必要路径。乐和家园通过招募大学生作为社会工作者（简称“社工”）到乡村服务，探索了一条精英回流、城市反哺之路。

乐和社工的招募方式一般是公益基金支持和政府购买。我们曾得到中国红十字基金会、光彩事业基金会、中华社会文化发展基金会的公募基金会和李连杰壹基金、南都基金会、友成基金会、敦和基金会的非公募基金会支持，但主要的资金支持来源于政府购买服务。社工的招募对象主要是本地青年大学生。这样做，一是可以解决部分大学生就业的问题，让大学生在乡村工作中得到锻炼，提高工作能力；二是可以在一定程度上协同政府解决乡村振兴中的软件建设，特别是社会建设和文化建设两个大课题；三是可以引进城市资源，帮助市场对接，推动以人为本的城乡统筹。作为专业的公益组织，社工组织通过政府购买公益服务和公益基金会的支持，得到项目和行政的经费，可以解决公共服务的人力成本，他们的专业背景可以帮助和提高村级事务管理和公共服务的专业水平。

乐和社工所有的服务都在于增强社会的活力，给社会增能，给政府减负，促成政府和社会的阴阳平衡。乐和社工为政府主导的乐和家园建设提供以下六个方面的服务：

第一，开展社会调研。通过田野调查、个人访谈、集中座谈、社会观察等方式，建立与利益相关方之间的关系，拉近距离，了解村情民意及镇村意向，搜集问题建议，为寻找社区骨干，成立和激活社区组织打基础。

第二，培育社会组织。在自然村（即村民小组）层面帮助村民成立互助会（自然社区组织）、娃娃团、舞蹈队、合唱团等组织，夯实群众自治基础，分担公共事务，将 2015 年中央一号文件提出的“扩大以村民小组为基本单元的村民自治试点”的精神落到实处。

第三，组织社会活动。协助村民策划和组织开展各种活动，丰富其生活，满足其需求，以此凝聚人心。社工可以根据实际情况开展乐和治理、乐和人居、乐和生计、乐和养生、乐和礼义五个方面的活动。（注：广义社会活动，还包括解决矛盾和实施项目。社工需特别注意自觉运用乐和理念与方法来解决矛盾、实施项目、开展活动。）

第四，实施社会教育。针对不同村民群体，开办相应课程或讲座，有针对性地开展亲子教育、节气养生教育、生态农业普及以及环保生活方式等，传播传统智慧和现代文明知识、技能和生活方式，提高村民的道德水平和综合素质。

第五，拓展社会宣传。社工通过链接媒体、开微信平台、办乐和快报、定期组织看片会等活动，或是公开宣讲等方式来扩大项目影响力，拓宽项目参与面，争取更多支持。

第六，进行社会记录。社工通过图片、文字、视频、录音等方式记录村民及村庄的变化和成果，并分类存档，为研究和宣传提供一手资料，如一人一故事、一村一案例、一事一讯息等。

还有许多其他具体的工作方法，如问题入手法、问答讲习法、入户辅导法、寓教于乐法、氛围营造法、现场培训法、立体激励法、交流竞赛法、节气活动法、云端授课法，等等。

社工上岗以前除了这些技能性的培训，更多的是系统的国学智慧学习（包括中医思维）。我们从多年的实践中形成了一套社工国学教育的课程体系和培训体系，并于 2017 年在孔子故里山东曲阜的洙泗书院，也就是当年孔子周游列国回来授徒讲学的儒家祖庭，开办了分别为一年、一个月和一周的国学社工学习与实习的训练营。课程内容为修齐治平 + 六艺，即自我修身、家庭教育、社会工作、对外交流、农耕文化、经典诵读、生态保护、健康管理、礼乐传习、戏剧教育。30 多位跨界导师给学员授课。学员就住在与洙泗书院紧挨着的书院村里，以其独特的拜师篇、读书篇、耕作篇、实习篇、生活篇和结业篇，体验“守望儒家祖庭、培育国学社工、兴办乡村书院、建设乐和家园、携力振兴乡村”的乐和社工成长之路。

四、乐和治理：夯实一个基础

乐和治理是以党委政府为主导、以村民居民为主体、以传统文化为主脉、以社工服务为助力的乡村治理模式，其中以儒学为代表的传统文化本身蕴含着及其丰富的社会治理的智慧。比如，从每个人“慎独”自律入手，构建互以对方为重、互为对方着想的社会关系；从肯定差异入手来搭建互补共生、和而不同的社会结构；从最天然的孝爱入手来调和家庭、邻里、师生、团队、邦国之间的社会感情，为今天的乡村治理提供了有价值的视角。而“一站两会”

和“三事分流”的改革模式，则是切实落实中央一号文件，将村民自治落实到村民小组，切实建立村民主体性意识的有效路径。

“一站”是政府搭建社工站作为基层社会工作平台，并引进社工组织提供技术服务。“两会”是互助会和联席会。互助会是基于自然村或者村民小组的互助型、服务性、公益性自治组织，具有本土性、扁平性、伦理性、综合性和志愿性的特点。乐和代表作为互助会的骨干，经由自荐、推荐和举荐产生，把村中主持公道、德高望重的人们推出来参与公共事务。这些乐和代表不拿薪水的志愿者身份，使得他们在村民中享有特殊的感召力和说服力。乐和互助会的成立让村民有了更多的知情权、参议权和监督权，也因此让互助会分担了处理自然社区公共事务的责任，包括矛盾化解、环境保护、文化道德和生产协作四大责任。比如公共区域的垃圾管理，孤寡老人的关照和留守儿童的照顾，矛盾纠纷的化解，坝坝舞、养生操等文体活动的组织等。基于自然村或村民小组的互助会填补了最末梢的村民自治这个“空缺”，为行政村的村“两委”分担了公共服务的压力，因而和谐了村民与村“两委”的关系。村“两委”获得了更多的工作助力，同时有助于解决基层廉政的问题，提高了治理的公正性和有效性。一些党员积极参与互助会并在其中发挥模范带头作用，给基层党建和群众路线增加了鲜活的内容。

互助会不仅是基层民主意义上的创新，更是一种道德复兴的创造，激发村民的互助之情和向上之心。乐和家园的理念与乐和互助会的平台，不仅激活了原有的村民代表的热情，同时提供了更多的人参与乡村公共事务的空间，之前一些默默无闻的村民获得了展示自己的公共精神和能力的机会。村民有了互助会这样一种自治组织作为参与的平台，激发了责任感和道德感，也从中学习锻炼了社会建设的基本知识和技能。

联席会是一个由以村“两委”为主导、互助会为主体、社工组织和其他共建单位参与的共治平台，每半个月或一个月由村支部书记召集，联席会的程序通常由各方汇报交流、讨论、决议几个环节组成，以此保证村“两委”的方针政策和行政任务的下达、民情民意的上传以及对于社会组织的信息了解，落实乐和代表们的知情权、参议权、监督权以及分担公共事务的义务，也帮助社工组织了解情况，从各自的渠道提供相应的公共服务。联席会相关各方互相给力又互相监督，既有民主又有集中，体现着互补共生、和而不同的和谐文化，成为基层民主协商制度的有效载体。湖南省长沙县乐和乡村一位村书记说：“之前我的群众路线是和两千多村民一户户来往，但没办法让大家都满意。现在我的群众路线就是帮助群众组织起来，通过每个组的互助会自己的事情自己办，通过联席会商量着办。乐和治理是群众路线的创新。”

联席会协商共治建立了“三事分流”为核心的责任模式。“三事分流”是指政府、社会和个人在综合社会事务中各自责任的边界和关系。“三事”是指不同领域不同层面又彼此相关的社会事务。其中，大事是国家的公共事务和公共服务，由政府负责；小事是社区公共事务，比如社区的环境保护、邻里纠纷、生产协作、文体活动等，由居村支委、社区社会组织和社工组织共同分担；私事是私人事务，关起门来的家务事，个人的衣食住行吃喝拉撒和家庭的伦理事务，由自己负责。“三事分流”的意义是创造了责任共担的模式，让自立、互助和公益的公共精神有了生长的平台。让政府减轻了负担、社区激发了活力，个人担起了责任。为了确保“三事分流”责任模式的有效实施，在村委会办公室里，在村民的坝子里，在古旧的大院里，村“两委”、互助会、社工站的工作人员一遍遍分别讨论，一遍遍反复商议，形成了整体设计和单体实验的方案。通过“三事分流”责任模式，曾经被认为冷漠、自私、愚钝的村民不仅用语言表达了参与公共事务的意愿，并且承担起各自的责任。通过“三事分流”这样切实的操作模式，自立互助公益的中国精神，正体现于村民的生活中。

与“一站两会”的社会共治和“三事分流”的责任共担相应的是，建立以投入机制改革为契机的利益共享，包括部分乡村综合服务资金的调配，也包括像垃圾管理这样的公共资金配置以及社区低保、社区的公益岗位配置、年终慰问这样的公共资源分配机制的改革。过去与村民居民没有关系的项目，现在要由他们来参与决定，村民们学习新的流程，比如由乐和代表征求意见，然后互助会讨论，再联席会讨论后报乡镇和部门审批。如果批下来，互助会要负责投工投劳、材料和质量控制以及验收之后的质量跟踪和维修。

社工的作用主要体现在联席会和互助会的方法提供和能力建设上。比如与互助会会长沟通了解情况、与村书记沟通探讨商量主题、协助会议筹备，为参会者提供会议流程和规则的培训，包括表达方式和各方的充分交流，乃至协助做记录和会议纪要等；对于互助会的能力建设还包括协助互助会写每两月一次的工作总结，通常是互助会代表用圆珠笔在老旧的稿纸上写着他们化解了几起矛盾，怎么管理的垃圾，搞小水利是怎么大家出工处理的，哪家有困难是怎么帮助的；一些突发事件是怎么处理的，火灾是怎么救的，抗旱是怎么互相帮助的；一些文体活动，比如外嫁女回娘家等活动组织和记录。

在这个过程中，村民对于公共事务从冷漠变得热心，从封闭变得开放，从自私变得公益，并且学会了理性地处理矛盾，表达诉求，解决问题。重庆巫溪白鹿镇大坪村以此种路径解决了多年的上访和集访的问题，更多的乡村以这种方式打通了村民和政府之间的沟通桥梁，也化解了以前村民彼此之间的矛盾。村民所采取的方法不是法律的，也不是宗教的，而是道德的、礼俗的，村民叫作“讲道理”。通过“讲道理”，村民之间的矛盾纠纷，不再需要劳烦村委会，由乐和互助会里德高望重的人物出面劝解，就可以调停了事。遇到不能解决的，大家商量由乐和堂（村里调解矛盾的场所）来处理。

五、乐和礼义：孕育一种民风

中国古代社会的文化延续主要在“三堂”中完成，祠堂作为公共空间，处理公共事务和组织公共活动；学堂作为学习空间，成为乡村社会输出人才的地方；中堂作为家庭的生活空间和精神空间，成为家庭教育与家庭文化的载体。由于五四运动和“文革”时期砸烂了祠堂，改造继而又拆了学堂，打倒“封建迷信”撤掉了中堂。乐和家园从文化得以存在的空间和载体入手，探索了以“三院六艺”为特色的乡村文化复兴之路。

其一，以书院为学习空间，开展耕、读、居、养、礼、乐的“六艺”教化：食育坊，以食物教育守护田野；国学堂，以传统文化安顿人心；绿色风，以生态人居回归自然；节气行，以生命智慧唤醒真情；乐和礼，以感恩之心淳化社区；小剧场，以礼乐文明陶冶生活。这个过程中，大家共同探讨摸索出一些适合乡村教育的方法。乐和家园的很多课程内容被变成朗朗上口的歌谣，教给村民，容易理解也便于记忆，村民把乐和歌谣变成快板等文艺节目，社工在经过专业的戏剧教育培育后教授给村民，特别是乡村儿童，让孩子在戏剧表演中提高自己的表现力和理解力，有利于技能和性格的全面发展。为了解决乡村教育的痛点，满足乡村家庭的教育刚需，重庆南岸区和山东曲阜市正在尝试村校合作，让大学生在周末和暑期走进乡村书院，为乡村儿童提供学业陪读、人格培养、能力培训的三陪服务，大学生也从了解乡村社会、补习传统文化、锻炼服务技能，乃至成为乡村创客。

其二， 以庭院为生活空间，进行家训家谱为内容的家风建设。在很长历史时期里，每个中国家庭有一个中堂，既是生活空间也是精神空间。彭州大坪山的社工团队申请了民政局的文化传承项目，帮助村民留住自家的中堂香案和法天敬祖的传统。而传统生日礼和互助养老餐，则是让村民弘扬孝道文化的具体举措。曲阜书院村还通过互助会评选“乐和人家”来开展家规家训教育。乐和人家评选流程由社工和互助会联席会讨论并且实施，包括乐和标准公示、自愿报名乐和代表推荐、评委进户初选、集中培训、社工定期入户辅导、评委入户终选、名单公示、家庭挂牌几个环节。乐和人家的基本标准有家庭和睦，儿女孝顺；卫生整洁，参加公共活动；邻里和谐，上慈下孝。由社工和书院村互助会讨论、联席会通过乐和人家的标准并逐步实施。

其三，以文化大院为公共空间、开展公共活动培育公共精神。文化大院基本配置包括活动院坝、音响和投影设备。墙上可张贴互助会联络图、联席会流程及会议制度、乡贤榜、“三事分流”清单、活动历程照片、小组成员全家福等。村里的乐和墙，是村民时时可见的宣传栏；村头的乐和榜，是熟人社会里大家很在意的评价和表彰平台。文化大院的主要功能包括开会议事。互助会定期在大院开会讨论村里公共事务。组织孝道节与节气行等共同活动，学做节气操，老人妇女儿童端着碗一起喝节气羹，等等。开展文艺活动，读唱《礼运大同篇》，村民在姚庄的小剧场中观看婆媳关系剧，舞蹈队在文化大院跳舞、排练农具秀等。文化大院的活动和管理，由村委会和互助会协商值班，社工提供技术支持。

三院的复兴工作中起教化培育功能的是书院。第一座乐和书院由中国红十字基金会和李连杰壹基金支持，于2009年耸立在四川彭州大坪山。在川、渝、湘、鲁十年的社区建设过程中，乐和社工团队看到复兴中国文化需要从中国文化的传统载体书院做起，而现在绝大多数城乡社区并没有建立社区书院，一些既有的公共文化空间，缺乏以传统文化为内涵的文化服务，因此，乐和公益基金会和乐和社会工作服务中心得到中华社会文化发展基金会的支持，于2017年11月15日在曲阜洙泗书院启动了“首期乐和社区书院”项目，总结曲阜乐和家园的三个村社的实践样本，以及乐和社工团队在过去10年里的操作经验，形成《乐和社区书院项目操作手册》和《乐和社区书院新六艺教材》。该项目旨在恢复激活以书院为载体的社区文化教育，为社区居民提供优秀传统文化、革命文化和先进文化服务，为中华文化复兴的社区模式找到一条深化和可持续的路径。

目前，乐和社工团队的主要工作就是城乡社区书院的深化和培训，以书院的文化建设带动庭院的家风建设和大院的社区建设。一方面提升村民的文化素质，一方面促进社会的发育。而社会发育就是要做家风建设和社区组织建设，让村民在家风建设、公共事务的参与和处理过程中真正体验和领悟到乡村文化的现实价值，并将文化内化为行为，最终推动文化建设。

乡村振兴从文化复兴开始，已是许多同仁的共识；而文化复兴须从乡村文化的传习载体开始，则有待于更多的共鸣。我们呼吁和期待每个从乡村走出去的人士，回望乡村回报乡村，为养育了自己的乡村办一个书院，以书院的修身，带动庭院的齐家和大院的治村，让修齐治平的古老传统从我们手中成为生活，让家国天下的大同理想从我们的脚下成为现实！

六、乐和生计：营造一种生活

生计并不单纯是一个谋生和谋利的问题，其必须依赖于义利相和的价值观，才能保证共同的福祉。见利忘义是小人之举，取之有道乃君子之风；不均不公是发展之患，共富共赢乃生存之理；竭泽而渔是败家之举，师法自然是久安之道。这些经世济国的准则并没有过时，仍然是今天转变增长方式、实现共同富裕可借鉴的准则。而让这些准则变成农民的生产和耕作，变成一种良好的制度与政策，则是乡村最为长期和艰巨的任务。

第一，以乐和生计修复乡村共同体，为产业转型提供条件。互助会把分散的个体变成了一家人，叫作“联体”；凝成一条心，叫作“联心”；每个个体因此而有了家园的意识，“联产”也就成为可能。用村民能够理解和讲述的话语，乐和生计就是要“凭良心挣钱，靠团结致富”。2013 年夏天，湖南遭遇了近 10 年以来最大的旱灾，五个试点村的社工和互助会，通过调查研究，摸清旱情，组织村民自发抗旱，调配灌溉用水，避免造成抢水风波，发生了许多动人的故事。为尝试生态转型避免稻田污染，乐和代表开会动员村民把分割的田地联结起来，以实现整体的生态转型，社工站请来自然农业专家进行统一规划。农业专家所描绘的养殖转型、稻米翻身、循环农业、环境治理、乡村旅游的愿景激励了村民，建立乡村的食物质量保障系统，虽然因筹资困难遭遇了挫折，但是我们看到从源头解决食品安全问题的一种可能。

第二，通过乐和生计建立集体经济和公共基金。重庆南岸的大石村已经从芽苗菜、豆腐乳和乡村旅游的集体经营中提取和建立了上万元的公共基金。一般说来，互助会负责质量控制，社工帮助拓展绿色市场和敦促生产档案，村“两委”协调行政事务。作为一种合作经济，乐和生计以乡村的公共资源集体力量为基础，其利润部分也要求回馈给集体建立公共基金。有了公共经济支持的公共基金，自然社区组织才能持续地分担公共服务。曲阜书院村不仅做了生态农场的实验，而且把这个农场变成了“公田”，也就是由村里出田地，由互助会组织耕作，社工引进生态技术和开拓生态市场，返回成本后的利润留作村公益基金，为村里的公益活动提供支持。发展公共经济、建立公共基金、分担公共服务、培育公共精神，是我们正在探索的新的乡村经济的方向。

第三，通过乐和生计建立基于社区社会组织的新的城乡经济关系。在食品安全危机频发的当下，城市消费者已经很难与乡村生产者之间建立起相互信任的商业关系。乐和家园通过互助会、联席会、专业协会的建立，重建消费者和生产者之间的信任。重庆南岸区的东路乐和社区的乐和互助会与峡口镇大石村互助会已经进行了多次的交流和商讨，怎么帮助大石村的互助会在小区销售蜡梅和其他农产品，还商议怎么从其中的销售中提留各自的公共基金，并且启动了城乡联手的“乐和亲子游”。在山东曲阜的书院村，书院生活礼、乐、读，乡村生活居、养、耕，已经成为“孔子有约、圣地游学”的产品。他们的联络是在“地上”面对面手牵手的，也是在“云中”通过手机微信等网联网心连心的。这是基于社会末梢、社会组织的新的社会关系、新的城乡关系和新的消费关系。

乡村是城市的母体，乡村是中国的根，怎样把根留住？在乐和家园的建设实践中，尽管做了很多努力，但是乐和经济一直是难以突破的瓶颈。为此，我们一方面正在与守护大地联盟形成长期合作的机制，另一方面与同伴同仁联手推动“共享农园”的行动，让每个城里人都可以通过参与共享农园、成为乡村创客，来回望乡村、回报乡村和回归乡村。比如,“一分田”机制，促成农田的生态转型，通过“互联网 + 互助会”的机制众筹联营共享办有机农场；“一个院”行动，通过“互联网 + 互助会”的机制，与村民众筹联营共享，把闲置庭院用来办养老院、小客栈；“一窝蜂”活动，保护正在濒危的中华蜜蜂以及购买生态农产品；“一个园”建设，在乡村建立创意园；“一群娃”活动，让城乡的孩子贴近大自然学习传统文化。如此这般，让城市资源回流乡村，重新调和城乡阴阳平衡。

七、乐和人居：描绘一道风景

当今的环境问题，根本说来是因为人类缺失了仁爱之心，割断了与万物相连的血肉情感所致。乐和人居的任务，既要唤醒人的良知，感恩天地母体，回归宇宙本源，从生命的根基处敬畏自然，又要建立解决环境问题的社会基础，在社会治理的基础上，在乐和礼义的内在激励中，建立乡村环境管理机制，让天人合一、顺应自然的国学智慧成为大家日常的行为和生活方式。

以生态民居和节能建筑的推广为例，在很多乡村难以实施，而在四川彭州的大坪村却得到了良好的解决。2008 年 7 月，当地政府引进地球村作为社工组织成为社工站的技术力量，支持村民组成“大坪山生态协会”，建立了该协会和村“两委”以及地球村组成的联席会，通过联席会邀请刘加平院士和他的生态建筑师团队作为义工到大坪山设计生态民居。经过联席会组织村民与义工团队协商，探索出了一套非常适合乡村的“乡野生态屋”“乡情小聚落”的低碳建房操作模式，并由专业总工程师对每一户被称为“乡土工程师”的村民进行系统教学、现场督导和工程评估。最终形成生态民居系统，较一般的乡村砖混建筑至少节能减排 50%。

再以乡村垃圾管理为例，在乐和试点村，通常互助会成立之后第一件主动去做的事情就是垃圾管理，通过联席会讨论各自的责任，互助会负责组织和管理村民们义务分片管理垃圾和定期清扫，村“两委”负责协调垃圾转运的事务。很快，乡村垃圾事务就得到了解决。在湖南长沙县双冲村，简东源组互助会成立环保小队，疏通沟渠，除草保洁；长沙县金鼎山村的互助会把公共环境卫生划分到户，全方位开展村民室内室外、房前屋后、村道社道及公共场所的卫生整治，并定期组织评比；重庆巫溪羊桥村互助会还组织村民义务清理羊桥河三十多年的垃圾；山东曲阜市一些互助会组织推广用厨房垃圾做环保酵素，用实际行动给村民证明环保酵素的功效，减少化学洗涤剂对于农田和水源的污染，健康又省钱。

农村环境整治的“双控”始终是难题。所谓“双控”是指控制违规建房，禁止私搭乱建和控制违法用地。通常情况下，“双控”的解决方式是行政手段或者花钱雇“看护员”或者交给村“两委”监管，但解决问题的能力很弱。为此，很多地方对于违规行为采取强行压制，结果引致执法冲突，干群关系进一步恶化。而在南岸峡口镇，政府把“双控”作为社区公共事务交给了互助会。通过联席会由村“两委”、互助会、社员代表大会共同商议建立双控协管机制，由互助会在村民中选出 11 人的协管专员工作，并讨论形成了协管专员的基本工作模式：一天一电话、一周一总结、一月一汇报。在社工站的配合下，由互助会向村“两委”反映具体情况，向镇政府汇报总体情况。由此，本来由外来力量监管的事情，成了村民自觉承担的事情，“双控”取得了良好效果。

在湖南长沙县，以前政府经常为村民搞湿地工程、生态路、小水利工程的建设，而村民却不买账不配合，为工钱讨价还价，为一棵白菜的赔偿叫板也司空见惯。其中重要的原因是村民自始至终没有参与到项目的立项、执行和实施中。乐和乡村建设后，政府组织了两次县级层面乐和乡村建设投入机制改革调研会，启动了投入机制改革的整体设计和单体实践，探索投入机制的新模式，无一例外都取得了成本低、质量高、参与度高的效果。

以前环境管理问题属于乡村治理中的难题，很容易引发干群矛盾。乐和理念进入乡村之后，基于互助会的成立，分散的村民重新获得了相互之间的信任，密切了人际交往，由此而激发了公共意识和集体责任感，曾经的环境管理的公共事务难题也就不再是难题了。这正是基于社会建设和文化建设所带来的生态建设效果，它让村民在这个过程中学会理性地表达和积极的参与，从而真正成为家园环境建设的主人。

八、乐和养生：守望一份乡情

以中医文化为内涵的生命智慧是国学的宝藏。乐和养生则是遵循中医文化的自然养生法则，村民对于自身生态生活方式的认知，懂得了什么是健康的高品质的乡村生活并自觉地创造这样的生活。让人们体验到的不仅仅是生命的安全和温润，还有沉淀于其中的“相与之情厚，向上之心强”的村民互助精神。

在乐和家园的试点村，“节气行”是一种养生活动，包含节气健康知识、节气农耕常识以及各种守望相助的乡村传统文化教育。书院村的互助餐则是互助养老的一种有效的实验。这是由老人自己或者其儿孙出钱的午餐活动，互助会的阿姨们轮流值日给老人做饭，让老人们每周一次集体改善伙食，创造了老人之间的交流互助机会，同时也给儿孙们提供了一个表达孝心的机会。既体现家人的“亲其亲”的传统孝道，又体现了村里人“不独亲其亲”的公共精神和互助精神。

长期以来，重庆巫溪大河乡的大河村人心涣散、自私自利。有一次，一辆运输黄豆的车掉到河里，全村人蜂拥而上，不是去救人而是去抢黄豆。在成为乐和家园试点村、成立了互助会联席会以后，又遇到一辆车掉到河里，这一次村民又蜂拥而上，但不是去抢东西，而是在乐和代表的带动下有组织地进行抢救。同样一个村，在有了理念、有了组织之后，面貌发生了天翻地覆的变化，守望相助生命意识的复苏也推己及人地惠泽到陌生人。

湖南长沙县的村民们将乐和理念总结为：困难邻里众人帮，公共事务众人管，社会正气众人扶，乡村文化众人兴。邻里守望相助，相互扶持，蔚然成风。谁得了重病，常常会得到互助会组织的村内的慰问和捐款；孤寡老人、留守儿童因为守望相助的文化复苏而得到乡亲的照顾。抗旱期间，长沙县金坑桥村棉花坡组一对夫妇因交通事故双双住院，不能收割自家稻谷，乐和代表自发组成一支队伍，在他们最困难的时候伸出援助之手，帮助该户收好稻谷和芝麻，喂好猪。开慧镇葛家山村桥上组的一位村民突发重病，这个并不富裕的乡村全组一次性捐款加起来竟有 4.5 万多元。全组乡亲的这份恩情不仅令病人家属感动不已，也让参与的村民感佩于心。而在杭州上虞永和镇项家村的乐和家园，公共基金捐款已经成了常规性的活动和机制，公共基金的一个重要用途就是经过基金管理委员会充分讨论后用于村民的大病救助。

以前村里的低保评选是非常敏感的话题。镇政府分配名额给村，村再分给组，组长或有所侧重或“撒胡椒面”选出低保户，时常引起村民不满。互助会成立后，村民们学习用乐和的方法来处理村里的低保评选，乐和代表在了解村民的经济情况和意见的基础上，参加到低保评选中，实现了低保分配的公平公正。2010 年在重庆巫溪白鹿镇大坪村，这种乐和模式化解了 400 人因为低保问题的集体上访；2013 年长沙县木鱼神组的乐和代表集体讨论低保标准后，认为该组村民皆不符合低保标准，而愿意将低保名额让给邻村更需要的人。这些事例说明，乐和治理不仅恢复了乡土文脉、人际关系的和谐，也唤醒传统文化对人心欲望的引领。不公正的利益分配不仅会引发村民纠纷，而且会助长人们的私心贪欲、争斗抱怨以及进一步的不公正。乐和互助会参与到惠民政策的知情、参议和监督过程中，让农民自己公正地分配公共资源和社会资源，同时进行向上之心和公共精神的培育，很大程度上避免了上述弊端。

每一个乡村曾经都是一个生命共同体，这种共同体的意识和要求虽受到现代化的冲击，但还没有最后消失。乡村还有未被钢筋水泥全覆盖的生态系统，还有未凋敝终结的乡土文化，还有建立从乡居到养生、乡土文化产业到乡村社会自治的生态系统的可能。那些生活在乡村，曾经守望相助的人们，通过乐和家园建设，有了重构一家人的理念、维护一家人根文化的自觉和自信。以乡村社会有形之根培养乡土文化无形之根，以乡土文化无形之根培育乡村社会有形之根。“固本培根”是乐和家园建设的核心，也是乡村振兴地基工程。

九、用中医思维营造乡村共同体

乐和家园是由政府和民间共同探索的一种乡村振兴的模式，它不只是理念和模式，而是从川、黔、湘、鲁、浙上百个村庄曾经有过或正在进行的样本故事。各个地区有着不同的特点和过程，但也有着一些共同的经验和成果。当村民学会了通过互助会处理村民小组的公共事务的时候，当通过联席会与村“两委”、乡镇干部理性地表达和交流的时候，当村民义务劳动清理垃圾、管理垃圾分包到户、义务修路和捐树苗的时候，当村民要主持公道热烈讨论、可以放弃低保名额的时候，当村民排着队不是要钱而是捐钱建立乡村公益基金的时候，当村里的年轻人愿意为自己的父母出钱参与互助午餐以尽其孝的时候……我们看到“德业相劝，过失相规，礼俗相交，患难相随”的古老民风正在回归，优秀传统文化正在成为老百姓生活的一部分，而以国学为内涵的乡村文化正在这些人群中复兴。

乐和家园是一次尚未完成的乡村振兴实验。其中有许许多多的曲折、波折、挫折，以及某些地方因人事变动而夭折了，但它仍然在进行。从灾后重建的四川山村到重庆巫溪这样地处渝、陕、鄂边界的贫困县，再到重庆南岸区这样的大都市的城乡社区，从中部的湖南长沙到东部的山东曲阜，从杭州项家村到贵州的对门山，都取得了或者曾经取得过有效的成果，说明乐和家园建设是遵循社会发展规律、尊重五行调和阴阳平衡的中国智慧。这种以党委政府为主导、村民居民为主体、传统文化为主脉、社工服务为助力的乡村共同体建设切合了中国特色和时代特点。当习近平总书记提出“从延续民族血脉中开拓前进”“打造人类命运共同体”的宏大战略时，我们更欣喜而坚定地相信，文化共同体的社区传承与创新模式的探索是有价值的，以共同体思维构建共同体社会的努力是有希望的！

与其他乡村振兴的模式一样，乐和家园建设也是一个需要时间的过程。一个新生儿需要十月怀胎，百年巨变的中国乡村建设可能需要十年甚至几十年，可能还需要若干代人的努力。中国乡村振兴的成败，取决于能否调整政府和社会、城市和乡村的阴阳失衡；取决于能否从单向的扶贫与硬件建设，转向社会、经济、文化、环境和健康的整体发展。更重要的是，能否将五行相生相克、阴阳调和的中医思维方式运用于中国的乡村振兴。

2015 年的冬天，我受邀出席北大哲学系主办的“中医走向世界”论坛，在上台演讲之前，见到了国学大师楼宇烈先生。我问道：“大医医国，乡建人士或许是小医医村？”楼先生回答：“村也是国！”是啊，村是小国，国是大村，整个地球都是一个村。一个个的乡村治理和社区治理，就是县域治理、国家治理乃至全球治理的基础。我坚信，中医思维和儒家思想等中华优秀传统文化，不仅会造福中国乡村的振兴，也会造福人类命运共同体的共同福祉！

十人谈◎胡跃高

中国农业大学农学院教授

作者简介

胡跃高，山西省清徐县人，中国农业大学农学院教授，山西灵丘教授工作站站长，长期从事区域农业发展战略研究。2013 年组织“灵丘有机农业园区实施规划”工作，后积极参与全域有机农业建设理论研究与实践探索。

【摘要】

当今世界面临的农业安全问题，在国家层面可归纳为五大问题：食品安全问题、粮食安全问题、乡村社会安全问题、生态环境安全问题、国际农业安全问题。解决当今世界面临的五大农业安全问题，唯有全域有机农业可以“一箭五雕”。乡村与文明是一体两面的关系。乡村振兴战略的基本任务是解决农业安全问题，即修正工业文明错误，建立生态文明大厦。建设全域有机农业就是落实乡村振兴战略，就是致力于人类命运共同体建设。全域有机农业是实现生态文明建设目标的光明大道。

论中国全域有机农业建设的基本战略问题

我国的乡村振兴战略面临着五大问题：

一是食品安全问题，其本质上为食品质量与食物结构问题。其直接源于耕地污染、水源污染与空气污染引起的食物生产源头污染，农事操作过程及后期过程加入污染因子等。今日人类社会已处于食品安全问题的重围之中。

食品安全为社会公众健康的第一基础因素。我国心脑血管病、癌症、糖尿病患病率和患者规模在短期内井喷式上升，突发、高发、普发、续发态势的事实举世罕见，已经成为影响国家社会经济发展的重要隐患。我国全局性食品安全问题已经客观存在，不容忽视。

二是粮食安全问题，即食物数量安全问题。1949 年后，国家重视粮食生产，20 世纪 70 年代后，粮食总产量持续稳步增长，基本解决了粮食自给自足问题。

2004年至今十四个年头中，国家粮食年单位面积增长量、年增长绝对量、年平均增长率均处于1949年以来历史低水平记录状态。从2014年开始，我国粮食进口量一直在1亿吨以上，是世界最大的粮食进口国。事实上，我国粮食生产正经历1949年以来难度最大的爬坡进程中，粮食安全压力在持续增大，前景不容乐观。

长期以来，我国高强度开发利用农业资源，粮食生产后备土地资源、储备水资源、涉农矿产资源濒临枯竭，而荒漠化问题、水源紧张问题已经客观存在，高产粮田新增难度越来越大。加之粮食大面积增产的科学技术成果储备不足，我国未来粮食生产稳步增产的潜力在逼近底线。我国粮食安全问题已经客观存在，随着时间的推移，形势趋于严峻。

三是乡村社会安全问题。1978年后，我国逐步进入城市化高速发展状态，随之出现了严重的乡村老人、妇女、儿童“三留守”长期固化问题，乡村社会持续衰落。全球方面，每年在以3000万人左右的规模涌入城市。2016年统计，国际难民及国内流离失所者达到6560万，当年新增人数达到1070万人（据国际移民组织与联合国难民署2017年统计）。关于乡村社会解体的悲剧没有就此结束，而是刚刚开始。那些历经千难万险，幸运地迁移到城市中的人们并未逃脱厄运，高度分化的城市底层社会正冷冷地等在那里。

四是生态环境安全问题。我国耕地系统、草地系统、沙地系统、湿地系统、城市系统均存在深度生态不平衡问题。国际方面，2010年国际《生物多样性公约》秘书处总结报告指出，全球生物多样性状况正逐渐恶化，直接造成生物多样性丧失的五大主要压力为：生态环境变化、过度开发、污染、外来物种入侵和气候变化。世界44%的陆地生态区域和82%的海洋生态区域没有达到预期保护目标。

五是国际农业安全问题。从全球整体看，亚洲地区人口约占世界总人口的60%，在世界饥饿人口中亚洲所占比重为57.8%。2015年联合国一份报告显示，2050 年世界新增人口的 50% 将属于亚洲人。另外，亚洲 48 个国家中有 42 个属于“一带一路”国家。

1990 年以来，相当部分国际争端发生在亚洲。如伊拉克问题、阿富汗问题、也门问题、巴勒斯坦问题、叙利亚问题、朝鲜问题。仔细审视上述国家，基本属于亚洲地区粮食危机国家。如 2013 年伊拉克人均粮食占有量 141 公斤，阿富汗为 213 公斤，也门为 35 公斤，巴勒斯坦为 6 公斤，埃及为 97 公斤、叙利亚为 197 公斤，朝鲜为 234 公斤。

历史事实一再证明，粮食危机既是社会危机的原因，也是社会危机的结果。依据亚洲人口粮食关系现状及发展趋势，综合考虑其资源与生态环境问题，我国应在农业领域总体做好亚洲分区域安邻、惠邻工作，以实现亚洲、“一带一路”国家及世界长期平衡协调发展的战略建设目标。

纵览全球农业形势可以看到，欧美发达国家凭借先发经济优势，农业安全状况稍好，但目前已频频暴露出缺陷，其行为在加剧全球城乡矛盾尖锐化；日本、韩国等国家类型处于经济后发位置，其农业已基本丧失自给能力，城乡矛盾关系处于城市占据压倒性优势态势，乡村社会经济持续衰落；发展中国家经济处于迟发状态，多数国家农业陷入苦苦挣扎之中。全球农业处于危机爆发期。

今日中国农业安全问题是世界农业安全问题的一部分。世界农业安全问题的总源头为近四百年来兴起的工业革命。从中国农业安全问题多数始于 20 世纪 80 年代后推断，我国农业安全问题属于外感于欧美，内发于中国之疾，在世界范围内位居后发位置，属于急性发作类型。中国农业危机的根源在原发于欧美世界的工业化与城市化。

一、处于全球农业危机旋涡中的中国农业

在迄今为止的数千年中，中国长期为世界第一农业大国。在春秋时期，我国农业开始居世界领先水平，且一直维持到今天。2016 年世界粮食总产量为 25.77 亿吨，我国为 6.16 亿吨，我国粮食占世界总量的比重为 23.9%。中国农业整体、长期居世界第一地位，决定了中国在农业安全问题上的进步、停步、退步对于解决全球农业安全问题关系极大。

我国农业幅员辽阔，农业内部结构复杂。这一特点使我国在遭遇农业危机时，往往可就近在国内相互救援，渡过难关。这意味着国家内部抵御农业危机能力强，克服困难的回旋余地大。反过来看，这表明在世界农业危机爆发的今天，我国农业安全问题必然地处于迟发地位，因而对相关问题的敏感程度往往慢半拍。但我们必须同时意识到，中国农业问题一旦积累成形之后，便是全球农业危机大爆发之日。中国农业事实上处于世界农业的中心位置。

近代人类世界的发展竟具有如此的戏剧性。在工业化时期的世界是中国有问题，欧美有答案。如今这个铁律一百八十度颠倒了过来。在生态文明时期的乡村建设问题上，正在演变成世界有问题，中国求答案的新格局。

我国农业发展历史悠久，积累了世界范围最丰富的农业历史经验与教训。历经磨难，历久弥新。面对今日世界农业危机，这类遗存至今的历史经验教训，仍普遍具有独特的价值可以借鉴。对于中国而言，这是“近水楼台先得月”。中国农业发展的历史经验教训，首先将通过解决自身的农业安全问题以展示其价值，然后再放大应用于解决世界农业危机问题。

纵观全局，我国农业为世界范围内向西方世界开放最晚的传统农业体系。从某种程度上讲，尽管今日国内农业安全问题已经广泛存在，部分已经爆发，但相当部分问题尚处于潜在状态。比较而言，属于国际范围内受伤害程度较轻，

尚保留有抵御危机、恢复生机的基础，存在有用较短时间修正错误、克服危机、走向可持续发展的更大的机遇。

2017 年，我国城市化率为 58.52%，即仍有 5.76 亿人留在乡村。而已进入城市的 2 亿多农民工在城市经济发展转缓、工业智能化发展、农业危机显露、乡村集体所有制格局维持稳定状态下，存在顺畅地反向流动，反城市化，回流乡村，成为乡村建设优势动力的可能性。我国进行全社会动员，进行乡村振兴的成本低，具有宝贵的比较优势。

自 1949 年以来，我国出于自我危机意识，始终把农业作为国民经济的基础加以建设。2003 年之后，国家已连续发布 15 个中央一号文件，推进农业现代化建设，全社会对乡村建设始终保持一定的熟悉程度，建设乡村的组织管理体系较完备，应对挑战的分块分级管理体系与科教体系依然整体存在，部分方面存在较强力量。危机状态下调整行政资源，动员社会资源政策障碍小，可快速进入行动状态。

我国农业是世界三大农业起源中心中唯一的常青树。乡村是中华民族长期存在与发展的根本，农业是国本产业。历史上我国曾多次面临严峻的社会经济危机与生态危机，每一次均依靠农业的顽强生命力，推陈出新，克服危机，为国家及人类文明存在与发展做出了巨大贡献。中国人民对农业有着强烈的感情与建设自信心，加强农业建设的社会大众心理基础强大，建设乡村是民心所向。

改革开放以来，我国与世界社会经济全面接轨，广泛开展对外交流，积极向世界各国人民学习，积累了世界范围最丰富、最优秀的人力资源基础。至 2010 年，中国已发展成为世界第二大经济体，积累了较厚实的经济基础。两者可为支援农业、克服危机提供重要的基础保障。

我国已经与世界 170 多个国家与地区建立了外交关系，与其余国家与地区也保持有良好贸易关系。我国以农业为国际交流优先领域，在与世界各国长期的相互支持中，建立了深厚国际友谊与高度信赖关系。未来在面对危机时，可望灵活利用现有国际网络，积极互动，以降低危机爆发强度，调节危机峰期，共享对抗危机成果，共渡难关。

中国人民在共产党领导下，国家统一，民族团结。在历史发展的关键时刻，中国共产党能够在关键问题上担当重任，团结全国人民一道克服困难，突破危机。

以上特点，客观上决定了中国在当今世界迎战农业危机中的核心地位。在某种程度上讲，中国农业健康发展是未来世界农业健康发展的希望所在！相反，只要中国农业危机引爆，便意味着世界农业危机的大爆发。既然中国农业被人类文明史推送到了今日全球农业危机旋涡的中心，那便赋予了中国人民在未来克服农业危机，走向光明未来的历史责任。当代中国人自当当仁不让，勇挑人类文明建设重担。

二、生态文明：世界农业危机中的转机

世界工业文明走过了四百年的发展历程。人们一定可以理解，尽管工业文明下的农业已经危机重重，但依然不乏有人私爱工业文明。然而，历史的车轮滚滚向前，有关工业文明已处于颓势的形势报告不断传来，早已彻底冲破了善良人恋旧企稳的底线。

康奈尔大学农业科学家大卫·皮孟特尔指出：如果全球都采用美国粮食管理体制，所有已知的矿物燃料资源都将在 7 年内用完；90% 的粮食以肉类与乳制品形式消费，意味着世界只能养活 40% 的人口。联合国的一份报告预计，2025 年世界将近一半的人口会生活在缺水地区。

2009 年，英国政府首席科学家贝丁顿在威斯敏斯特可持续发展会议上发言指出：世界粮食储备正处于近五十年来的最低水平，到 2030 年全球粮食产

量还必须再增加 50%。那时我们对能源和淡水的需求将需要分别提高 50% 和 30%。因为所有这些都将在同一时间范围内发生，世界在 2030 年将遭遇一场全面风暴。

今日世界农业主体为欧美农业及其模仿者的农业。而欧美农业本质上是一座座依靠现代科技、化石能源与相关资源精心搭建起来的海市蜃楼。只要化石能源与相关资源断供，危机就将立即爆发，即所有空间结构瞬间就将不复存在。而世界化石能源与常规现代农业相关的基本资源断供的总趋势已经不可避免，倒计时早已开始。对此，在 2006 年美国著名学者莱斯特·布朗曾经推断："西方的经济模式不适用于中国，它在印度也肯定不适用。对于也在做着'美国梦'的其他发展中国家的 30 亿人口，西方的经济模式也必然不适用。而且现行的经济模式对于工业化国家也同样行不通。"2007 年以来的世界金融危机爆发，迄今发达国家了无起色的事实证明了这一判断的正确性，全球农业危机爆发期已经来临，部分危机已经爆发。

危机时期慌乱中的人们很难意识到，伴随着危机加深，一个新的文明时代——生态文明时代正在悄然登场。农业之根深深扎入在原始农业之前的古文明躯体之中。自从一万两千年前农业诞生开始，农业便在全球意义上与人类文明相伴生、共进退。农业与人类文明是人类社会的一体两面，是经济基础与上层建筑的关系。自有人类社会以来，农业与人类文明从未分离。由此可以推断，今日世界农业全局性危机爆发，事实上便是人类文明总危机爆发的同义语。

如果我们将全球农业比作护佑人类文明的参天大树，那么今日食品安全问题表明，这棵大树的果实品质总体在劣化，甚至在毒化；粮食安全问题意味着其生产总量也已经不能满足需要，步履艰难；乡村社会危机则表明它的根部在萎缩、退化，甚至已经成片病毒性坏死；而生态环境危机则说明支撑大树的土壤、水资源、空气资源与生态环境在恶化。

今日世界农业四重危机同时登场，并且同步爆发的事实强烈警示世人。这是自世界农业诞生以来，人类社会第一次遭遇到的农业全局性存亡危机，是七百万年人类文明史上关于人类社会能否继续生存下去又一次提出的根本挑战。这样的挑战意味着，工业文明因根本上背离人类利益，已经不可避免地被历史抛弃。与此同时，生态文明作为人类文明面临生死存亡危机时呼唤而来的救星悄然登上了历史舞台。

农业安全危机的全面爆发，是导致人类文明形态由工业文明向生态文明发生彻底、全面转型的根本动力。资本主义发展史上始终以吞噬农业，将农业作为工业化、城市化、殖民化垫脚石的模式持续向外扩张。贪婪的资本力量永远都不可能明白，正是毫无抵抗力的农业才是人类文明存亡的根本基础，正是败落的农业成了最终压垮资本主义的最后一根稻草。全球农业危机是生态文明时代来临的接生婆，生态文明时代已经降临世界。

生态文明时代的到来，反过来重新定义了农业在人类社会经济建设中的基础地位与主导作用。所谓“科学革命”是指人类认识事物的飞跃，如哥白尼发现新大陆，马克思发现剩余价值规律等。人类绝不可能躺在那里，优哉游哉地由工业文明时代漂移到生态文明时代。生态文明时代与工业文明时代相比，客观上必然要求人类在思想认识领域进行一场革命。由工业文明时代农业的卑微地位上升到生态文明时代农业的崇高地位，也必然要求人们在思想认识领域进行一场革命。

生态文明是对立于工业文明而建立的文明，是当代人类最高水平的理性思维与行为实践的汇聚与升华。与不可持续性是工业文明的根本特征相反，生态文明的根本要求与本质特征就是可持续性。衡量当代世界真假生态文明的理论、实践、技术、模式、体系的唯一标准就在于它们在根本上是否可持续发展。可持续发展者属于生态文明，不可持续发展者属于工业文明。

在历史发展长河中，工业文明是对农业文明的否定，它是以毁灭农业文明为其发展前提的。同理，今日生态文明必然是对工业文明本质存在的断然否定，是对其思想、行为、模式与制度进行彻底的拨乱反正与扬弃。由农业文明到工业文明，再到生态文明的过程，本质上是由经验型可持续文明，走向僵化的机械型不可持续文明，再返回到科学理性的可持续文明的否定之否定过程，是螺旋式上升的文明发展过程。这是前进，不是所谓的“复古与倒退”。

既然工业文明的本质特征就是不可持续，那今日人类社会就不可能用工业文明的方式去解决可持续发展问题。用历史发展过程的眼光看，生态文明建设的此岸根基就一定不在工业文明这里，而是要向前追溯，在西方世界数百年前已经开始铲除，今日只残存于发展中国家的农业文明那里。农业文明，绝对不是工业文明，农业生态文明建设才是今日的此岸基础。农业，只有农业，才是建设生态文明大厦的唯一根本基础。

三、走全域有机农业发展道路

作为生态文明大厦的基础，农业将以人类社会可持续建设的第一领域出现在世界。人类将在可持续农业基础上，完成城乡和谐统一的人类命运共同体与地球生命共同体建设。这就要求生态文明时代的农业在本质上必须全面、彻底回应农业安全问题挑战，实现农业可持续发展。

可持续发展性质是衡量生态文明时代农业形态的本质规定与根本标准。从国家发展角度看，农业安全问题可以反过来看作是未来农业建设的目标任务与建设标准。即农业建设就是要实现食品安全、粮食安全、乡村社会安全、生态环境安全与国际农业安全，未来真正的农业现代化大道要能够全面、充分满足农业安全标准。我们以此为标准，可认识现有有机农业发展基本历程。

20 世纪早期，是石油农业高速发展时期，暴露出严重的环境污染和对人体健康的不良影响，激发欧美先驱者开展更多有机农业的探索与实践。1935 年英国阿尔伯特·霍华德总结了自己在印度25年研究工作的成果，出版了《农业圣典》一书，书中阐述了健康的土壤、植物与动物的关系，他也因此被称为“有机农业之父”。受其理论影响，20世纪40年代，罗代尔在美国宾夕法尼亚州建立“罗代尔农场”，后来发展为美国著名的有机农业研究机构——罗代尔研究中心。20世纪60~70年代，随着现代石油农业对生态环境和人类健康影响日益加剧，发达国家纷纷自发建立有机农场，开展有机农业实践活动。

在大量前期实践与联系发展基础上，1972年11月5日，国际有机农业运动联盟（IFOAM）在法国正式成立，发起国是意大利、英国、德国、法国、加拿大。行政总部设于德国波恩，此外分别在意大利罗马、巴西利马、韩国首尔、美国俄勒冈普特兰设有分支办公室。IFOAM的成立是国际有机农业运动走向有组织发展的里程碑，是有机1.0时代的基本标志。

IFOAM成立后，有机农业进入2.0时代。这一阶段的主要成就是有组织地推动行业发展，支持民间和政府成立有机农业组织与有机农业标准制订，保障有机产品营销，建立广泛的有机农业国际联络网络。在此工作基础上，有机农业逐步传播全世界。

早在1958年，日本就建立了自然农法国际研究中心。1972年IFOAM成立后，1975年英国成立国际生物农业研究会。与此同时，各国有机农业标准先后建立。如今全世界有约100个国家已经建立或正在建立有机农业标准与条例，形成了约100部认证标准，有约500家公立或私立机构从事有机认证，世界100多个国家出口有机认证产品。

2008年，国际有机运动联盟对有机农业做出了明确定义，指出：有机农业是一种能维护土壤、生态系统和人类健康的生产体系，它遵从当地的生态节律、生物多样性和自然循环，而不依赖会带来不利影响的投入物质。有机农业是传统农业、创新思维和科学技术的结合，它有利于保护我们所共享的生存环境，也有利于促进包括人类在内的自然界的公平与和谐共生。这一概念是国际有机农业发展近 100 年来重要的标志性理论进展。

根据国内外有机农业理论探索与实践进展，对照未来发展必须克服的农业危机根本任务，展望其未来发展趋势，我们可以做出以下判断：

第一，有机农业可以保障农产品质量，能够从根本上解决食品安全危机问题。

第二，在单位面积产量的有机农业保障技术目前已经取得部分进展，而且可望取得更大程度推进形势下，可望实现有机农业农产品生产基本不减产，甚至增产，保证有机食品好吃不减产。能够克服今日面对的粮食安全危机。

第三，由于有机产品价格更稳定，或者能提升农产品总体市场价格，消费者愿意为有机产品支付更高的价格，这意味着可整体稳定与增加乡村收入，从而在根本上可为解决乡村社会安全问题提供可靠保障。

第四，有机农业大量使用生态安全技术，可望全面解决生态环境安全问题。

第五，如果有机农业在一地、一国启动，先行取得成功，就能够在此基础上推而广之，最终为解决全球农业危机问题提供可靠道路。

最新统计表明，世界有机农业种植面积仍在快速增长之中。一方面，有机农业对解决世界农业安全问题提出了完整解决方案，在世界范围内持续发展；另一方面，有机农业从萌芽至今一百多年来连续发展，其占农业总量比重仍然较低，存在“孤岛”痼疾。这一基本情况意味着，如果原封不动地套用现有有机农业方式，去解决已经岌岌可危的世界农业安全问题与中国农业安全问题，依然存在不足。我们必须结合最新国际国内实际情况，在原有基础上接受有机农业合理内核，拓展其不足，发展形成新体系，用之彻底解决世界农业安全问题。

钱学森曾指出，21 世纪将是地理系统建设的世纪。地理系统是人类社会系统与自然地理系统复合而成的系统。农业系统属于地理系统。从地理系统意义上定义全域有机农业的概念为：由从事农事活动的人、农事资料、农业生产过程与其自然地理系统共同构成的可持续发展的有机统一体。

农业有机统一体是指生产者—经营者—消费者的统一性，人类—产业—地理系统的统一性。其中地理系统统一性是指局部—国家—全球、时间—空间，以及历史—现在—未来的统一性。从上述意义上看世界农业的发展，其将成长为将全人类紧紧联系在一起的共同产业，成长为全域有机农业。全域有机农业是人类社会由经验型农业阶段进入到理性农业阶段，进入到生态文明时代的显著标志。

全域有机农业作为生态文明时代乡村振兴战略的建设道路与本质特征，是兼顾未来农业现代化五大建设目标任务与产业内涵的现实发展道路，是 20 世纪初以来世界农业建设中长期探索与积极交流的理论与实践结果。从长远历史发展的角度俯瞰，全域有机农业是未来人类社会突破常规现代农业错误发展模式，走向全面可持续的生态文明建设目标方向的可靠道路。在理论与实践两方面认识与建设全域有机农业，将成为今后世界农业可持续发展的基本任务。

从中长期发展展望，我国全域有机农业建设任务为致力于解决食品安全问题、粮食安全问题、乡村社会安全问题、生态环境安全问题、国际农业安全问题，实现乡村振兴目标。为此，国家需要围绕这五项建设任务，实施食品安全工程、粮食安全工程、乡村社会安全工程、生态环境安全工程与国际农业安全工程五项建设，这五项安全工程建设也可简称为“农业安全工程建设”。

四、落实全域有机农业的战略布局

村庄是整个中国社会的细胞，是基本功能单位，也是千百年来形成的基层组织的基础结构。正因为如此，村庄为工业文明与生态文明冲突最激烈的第一战线。全域有机农业建设必须在村庄第一线建设中立足。从整体形势看，只要解决了一个又一个村庄意义上的全域有机农业建设问题，整个国家社会经济与生态建设就将步入全新发展状态。

村级建设是未来全域有机农业建设、国家生态文明建设的关键层级，集中力量进行村级有机农业建设是撬动生态文明时代到来最有力的支点。在实际工作中要注意认真安排村级有机农业建设工作，积累经验，培养人才，形成发展模式，建立立足点，进而推进全局工作进展。

与欧美有机农业单纯强调有机生产任务相区别，全域有机农业有三项建设任务，即有机生产、有机社区、有机社会“三位一体”同步建设。唯其如此，才能圆满完成全域有机农业建设任务。依此为标准观察我国有机农业建设实践，目前多采用“单打一”方式，如单纯经营有机农业生产的有机农场、有机家庭农场、有机合作社、有机合作联社，单纯经营乡村休闲旅游（社区）的村庄、山庄、合作社、酒庄、公司等，单纯进行有机社会建设的村庄、合作社、合作联社等。上述情况表明，目前我国有机农业尚处在初期建设阶段，好比处在“单驾马车”拉套的阶段。

站在全域有机农业的视角看，我们应当在现有建设经验基础上，走向有机生产 + 有机社区建设，或有机生产 + 有机社会建设；有机社区 + 有机生产建设，或有机社区 + 有机社会建设；有机社会 + 有机生产建设，或有机社会 + 有机社区建设的“双架马车”阶段。

唯有如此，我们才能最终跨入到有机生产加有机社区，再加有机社会的全域有机农业建设的“三驾马车”阶段。有机农业建设“三驾马车”目标模式的认识，为有机合作社建设明确了方向，有关建设者应在实践中积极创造条件，健康有序地推进建设。

在有机合作社“三驾马车”中如何布局建设是一个现实问题。总的建设原则是以有机社会建设为核心，驾大辕，把握方向，保持行进平稳；有机生产建设为抓手，拉左套，负责速度，把握快慢进程；有机社区建设拉右套，相机推进，保障中长期发展后劲，保持内力。

在实际建设中，如果是首先入手有机社会建设者，宜积极创造条件，启动有机生产建设，然后再利用适当时机，启动有机社区建设。如果是已经启动有机生产建设者，要积极寻找机会，围绕带头人，创造建设团队，优先推进有机社会建设，确定主心骨，再推进有机社区建设，进入稳步前行状态；如果是已经先期启动有机社区建设者，注意在扩大经营发展中，还政于有机社会，分步调整建设重心，然后在此基础上，适时启动有机生产，推进综合建设。

21 世纪的中国已经率先进入生态文明建设时代，全域有机农业在新时期进行的有机农业生产建设（包含有机作物生产、有机家畜生产、有机微生物生产）、有机乡村社区建设（包含生产区域、生活区域的山、水、田、林、路有机化建设）、有机乡村社会建设（包含关爱乡村范围内所有人、实现社会和谐），意味着整个乡村板块实现有机化建设。

从国家意义上讲，乡村建设是与城市建设联系在一起的。与乡村板块的有机化建设相对应，城市板块在此过程中也将进行工业生产有机化，城市社区建设有机化，城市社会建设有机化，实现城市全域板块的有机化建设。从而在国家层面呈现为以乡村有机化建设为起点，带动城市有机化发展，最终实现城乡有机化与整个国家地理系统有机化的建设过程。

我国国家建设是开放的地理系统建设过程，伴随着我国地理系统有机化建设的发展，中外地理系统也必将积极互动，并促进人类命运共同体进入全新的有机化建设时代。

现实世界的城市与乡村关系处于高度紧张状态。一方面，在水平方向上的城市与乡村关系是类似于“两条腿”间的关系。真实世界的问题表现为“右腿”太前，“左腿”太后，处于“劈叉”状态，处于再也不能前进的“僵持”状态。另一方面，在垂直方向上的乡村与城市是下层基础与上层建筑的关系。

目前处于上层建筑过度庞大，下层基础绝对弱化，头重脚轻，随时可能失重颠覆的状态。全球城乡关系处于不可前行、不能倒退、摇摇晃晃、岌岌可危、绝望的危机之中。

物极必反，否极泰来。改变全球意义上这一状况的唯一方法，就是反思导致今日全球社会经济危机的根源，接受经验教训，走向乡村，建设乡村，走乡村怀抱城市，改造城市，城乡协调与和谐发展之路。这是一场在新的历史时期，全局意义上的以乡村包围城市，最后解救城市的道路。

比较而言，发达国家因工业化、城市化过度发展，乡村社会基本解体，已经不复存在，未来全域有机农业的建设难度大。虽然发展中国家乡村尽管遭受反复蹂躏，处于衰败状态，但是随着工业文明退潮，将最先获得生机，“春风吹又生”。因此，未来全域有机农业将首先在发展中国家启动建设，推动生态文明发展，然后转向发达国家。

五、若干战略方针

由工业文明升级为生态文明是人类史上的一次大飞跃，是人类社会由经验方式进步为理性方式的文明表现形式。抽象的文明与现实的农业是一枚硬币的两个面。支撑人类社会由工业文明升华为生态文明的现实道路就是全域有机农业建设及其在此基础上的全域有机城市建设，进而实现地理系统有机化。我国作为全域有机农业建设的排头兵，具有带好头，走好路的责任。总结历史经验教训，当前应坚持如下十二个方面的建设指导方针。

1. 坚持土地集体所有制根本不变

土地问题是乡村的根本问题。1978 年之后，国家改革开放，农区实行土地承包责任制，牧区实行牲畜草地分户承包责任制，保持土地集体所有制的性质，基本保证了在激烈的城市化过程中，乡村相对稳定的局面。乡村土地集体所有制是我国乡村土地的根本大法。2016 年 4 月 25 日，习近平在小岗村考察讲话中指出：乡村建设“不管怎么改，都不能把农村土地集体所有制改垮了”。这表明了习近平总书记鲜明的政治态度与党中央的清醒认识。

面临工业文明向生态文明的文明大转型，城乡关系大变革，在这一过程中一切已经进入，或正在进入，或即将进入乡村工作的同志，无论遇到任何情况都要注意始终坚持土地集体所有制原则不动摇，直到未来几十年后进入到新的、更高级别的历史阶段。近年来部分城市资本进入乡村，凭借经济实力，存在试图改变土地所有制性质，化公为私的倾向。现实生活中，要特别警惕这一现象的发生。土地兼并是中外历史上每次社会危机爆发的总根源。在全域有机农业建设中，我们要坚决避免犯历史性错误。

2. 有机社会建设从启动乡村教育开始

没有一支掌握生态文明与有机农业建设理论与实践能力的队伍，不可能完成这一伟大时代的建设任务。当代人要完成全新的、迫在眉睫的世界性有机生产、有机社会、有机社区建设任务，首要的任务不是鲁莽地冲上战场拼一场那样简单，那样痛快，而是要先完成思想建设，认清事实，唤醒千百万人民，同心同德搞建设。

我们要首先组织在生活实践中最先觉悟、正在探索进步的有机合作社带头人、有机村庄带头人进行学习，认真总结经验教训，建立有机农业建设的堡垒与前沿阵地，然后在艰难实践中总结经验，踏踏实实地成长起来，一点一滴地推进建设工作。

同时我们要将重要的理论探索成果与实践经验教训，传递到社会各个阶层，动员人民大众支持与参加建设。我们要像中国革命战争年代那样，从现在开始，在乡村有机农业建设第一线，千方百计，不拘一格，在丰富的建设实践与各种各样的活动中，从儿童和少年开始，从老人与妇女那里，从一切社会成员那里，认真、系统地培养出新一代生态文明时代有机农业的建设者与生力军。

千百万生态文明建设者进入乡村建设阵地之时，就是全域有机农业建成之日。

3. 将食品安全问题确定为战略建设的突破口

农业安全问题不像一个布袋中的土豆那样一个一个孤立地存在，它们之间存在双重结构关系。第一重关系像一级级台阶递进的关系。如果将食品安全问题比作第一级台阶，粮食安全问题比作第二级台阶，那么乡村社会安全问题、生态环境安全问题、国际农业安全问题就好比是第三、第四、第五级台阶。

第二重关系则像包心菜一样，是逐层包与被包的关系。其中，食品安全问题处在核心部分，被包裹在粮食安全问题之中，而食品安全问题与粮食安全问题共同被包裹在乡村社会安全问题之中，然后前三者又被共同包裹在生态环境安全问题之中，国际农业安全则包被在最外部。

正因为如此，我们断断不可能在没有解决粮食安全问题的情况下，去单独解决食品安全问题，也不可能在没有解决乡村社会安全问题前提下，去彻底地解决食品安全问题与粮食安全问题。同理，在这个过程中，我们还必须同时考虑生态环境问题与全球农业问题，否则就不可能单独彻底解决一个国家的农业安全问题。这意味着国家要解决食品安全问题，必须要从外至里，一层层松动开来，筹谋全局，妥善安排，在关注整体问题的同时，解决局部问题。

在农业发展史上，农业安全问题结构错综复杂，根源是长期以来农业安全问题始终存在，进展有限，“剪不断，理还乱”，日积月累，盘根错节。

虽然如此，因食品安全问题来势最凶猛，已经严重影响社会经济发展，引起社会高度关注，问题相对独立，根基较浅。在未来乡村振兴建设实施中，国家应首先将食品安全问题作为突破口，作为牛鼻子，排列到工程建设的第一位。在食品安全问题解决到一定程度后，相应推动粮食安全问题的解决；然后是第三、第四、第五个问题，用“五牛拉车”的方式，最终推动农业安全问题的彻底解决。任何孤立、简单化、急躁处理问题的方式方法都是根本错误的。

4. 将有机合作社建设列为战略实施的急先锋

彻底解决农业安全第一战略问题——食品安全问题的前提条件是必需实现乡村合作生产方式与城市合作消费方式。由于食品安全问题是农业安全问题中的第一级台阶问题，解决食品安全问题便是为解决所有其他农业安全问题打基础。这意味着合作社生产、合作社消费的组织方式，将作为贯穿解决整个农业安全五大问题全过程的基础方式而一直存在下去。这无疑赋予了合作社更多的建设任务，增加了其建设难度。从这一意义上讲，尽管相当数量的人们对我国合作社建设并不陌生，但面对更加复杂、更加艰巨的建设任务，必须做好更多创新发展的思想准备。

合作社建设事业是生态文明建设时代乡村振兴的两大本质特征之一。而有机农业则具有实现“一箭五雕”潜能，是打开世界农业安全问题铁锁的金钥匙，是乡村振兴战略建设的光明大道，也是生态文明时代乡村建设的又一本质特征。

合作社作为形式，有机农业道路作为内容，是生态文明时代乡村振兴战略实施建设的两大本质特征。将合作社与有机农业道路组合而成为有机合作社，高度概括了 21 世纪生态文明时代乡村振兴战略的社会经济建设的目标、方向、方式与内容。

如果说合作社是乡村振兴大车的左轮，那有机农业就是它的右轮。两者组合而成的有机合作社就是乡村振兴建设的双轮大车，乡村振兴战略建设车轮滚滚，驶向生态文明建设新时代。有机合作社是生态文明建设的旗帜，是乡村振兴战略建设的先锋。

5. 利用好国家乡村建设两个三十年的积极性

中国共产党的早期史就是组织农民闹革命的历史。井冈山革命时期，毛泽东就曾积极探索组织农民生产的方式方法。1949 年新中国建立后，在全国实行土改，在此基础上通过初级社、高级社、人民公社，引导农民走上乡村集体经济发展的道路，大搞基础设施建设，为恢复国民经济，发展生产，保障国家工业化建设，做出了重要贡献。这是由国家最高决策层直接领导，在人类历史上进行的最大规模、最长历史时期的集体经济建设实践与探索。

到 1978 年，我国连续积累了三十年以上最丰富的乡村集体化建设历史经验与教训，也概称为“前三十年集体合作经济时期”。1978 年改革开放，农村实行联产承包责任制，土地分户经营至今。这为发挥个体积极性，为解决温饱问题，配合国家高速工业化、城市化建设，做出了巨大奉献与牺牲，积累了深刻的经验教训。这概称为“后三十年个体经济时期”。

今日国家的合作社建设事业是在两个三十年（从 1949 年到 1978 年的第一个三十年是社会主义革命和建设时期，从 1978 年后至今的第二个三十年是社会主义改革开放新时期）基础上进行的新的长征。在短短两三代人的时间里，我国乡村建设者积累了穿越两个阶段、两类组织建设模式、两种经验教训的丰富社会财富。未来要将前三十年的集体组织优势、社会建设优势、基础建设优势，与后三十年发挥个体积极性具有的经济建设优势，创造性地结合起来，纳入有机合作社结构建设与机制建设体系，实现两种优势的有机结合，推进合作社事业健康、高效、有序地发展。

6. 积极主动与城市资本良性对接

城市资本与有机合作社是分别属于两个文明时代的两种不同性质的力量。今日在我国社会主义建设的客观条件下，两股力量正面交锋，将在我国乡村建设中戏剧性地经历由城市资本主导起步，走向有机合作社主导建设的必然发展方向。

用历史发展的眼光来看，这是一个城市资本在运动中逐步消退，转化为社会企业形态，有机合作社稳步生长，最终实现两者和谐共生、长期共存、扬弃与创造并行的过程。

在此过程中，有机合作社要自觉地摆正历史地位，积极主动创造性地开展与城市资本的对接建设。城市资本要服从于时代发展需要，利用自己熟悉的城市、熟悉的经营领域的特长，积极支持有机合作社的健康发展。

7. 充分利用第五次产业革命成果

互联网技术、机器人技术是今日世界技术革命的大成果。两者推动的发展隶属于第五次产业革命。第五次产业革命发起于城市化与工业化，伴随全球社会经济转型浪潮，必然冲破阻力，驰向乡村建设领域。

有机农业为第六次产业革命的核心内容。这意味着第五次产业革命与第六次产业革命两者相结合，必将汇聚为巨大的产业革命浪潮，使我国率先启动乡村振兴工程，解决城乡发展不平衡问题，实现城乡和谐，步入生态文明殿堂，为人类社会发展做出新的历史性贡献。

今日互联网技术在客观上为撬动未来我国乡村建设车轮强有力的杠杆。从第五次产业革命到第六次产业革命巨大的战略纵深，中国与世界乡村发展、城乡和谐建设波澜壮阔的建设局面看，生态文明新时代对习惯了工业文明时代攻城略地，如今自觉不自觉地闯入全新的乡村建设领域的信息技术弄潮儿们提出了更高要求。

未来乡村建设者必须认识到，学习成长为兼通第五次产业革命、第六次产业革命，兼通城乡的通才，是新时期建设提出的根本要求。虚心、主动、自觉地学习，将成为乡村建设者的基本任务。

8. 重建乡村集体经济

1978 年之后，全国实行联产承包责任制，是在保留土地集体所有制前提下，分田到户，在取得初期农业生产发展的同时，乡镇与村集体经济解体，乡村贫富分化显露，村民抵御灾害与灾难的能力受到削弱，因病致贫，因残致贫，因教育致贫，因意外灾难致贫现象凸显。

自 1949 年以来，我国乡村经济由分到合，再到分的历史经验教训说明，如果把乡镇与村集体经济比作大河，把家庭经济比作小河，其总的趋势可总结为：大河有水小河安，大河没水小河危。

我国乡村正迎来新的发展阶段，未来将步入合作事业新的发展进程，我们应当认真汲取历史经验教训，结合各地实际，创造条件，重建乡村集体经济，加强乡村经济实力，为办好公共事业，繁荣乡村，实现城乡和谐，提供根本保障。

9. 让科学技术焕发青春

生态文明时代的到来，是将以人为本，以生态为本，同时兼顾经济效益，追求整体可持续发展的崭新方向。由工业文明转向生态文明，科学技术体系将发生翻天覆地的变化。作为生态文明建设者的先锋队——有机合作社的建设者们及未来的科技工作者，一定要清醒地认识到今天面对的第一生产力基本现状，及未来将要建设的第一生产力的本质特征的根本区别，稳扎稳打地进行建设，进而步入生态文明的新时代。

10. 耐心细致地动员社会资源参加建设工作

如果说农业文明时代与工业文明时代是解决人类能够做什么的时代，那生态文明时代则是解决人类应当做什么的时代。这是一个人类智慧大飞跃的跨越，是由追求社会个体利益、局部利益转向服务社会集体、服务人类命运共同体、服务地球生命共同体利益的巨大的历史性进步。社会主义制度为实现这一伟大转折提供了最理想的条件。乡村振兴就是这样的背景下实施建设的第一战略内容。

国家应首先进行一场新的思想解放运动，其中包括系统总结历史经验教训，破除常规现代化迷信，反思工业化，反思城市化，反思资本主义制度，反思社会主义实践，反思工业文明，国家与全社会在事实面前达成建设乡村，实现城乡和谐建设的共识。

在此基础上，做好乡村板块的耐心细致的学习动员工作，提高整个乡村社会对自身战略地位的认识水平与发展建设的能力，激发与动员城市板块社会成员，包括进城务工的优秀农民工、农业科学家与技术工作者、有乡村工作经验的离退休人员、涉农企业家、乡村建设管理工作者、国际乡村建设友人等，制定保障措施，让他们进入乡村，参与乡村建设。

11. 还政于乡镇，还权于村“两委”

2017 年，安徽半汤乡学院廖星臣撰文指出：我国乡村改革之前，乡、镇级地方政府有属于自己的水管站、农技（机）站、计生站、文化站、广播站、经管站、林业站，以及教育组、卫生院等“七院”，还有与县（市）级共管的财政所、派出所、土管所、税务所、司法所、邮电所、供电所、工商所和信用所“八所”，简称“七站八所”管理体系。21 世纪初农村税费改革后，乡、镇体制实行了改革，“七站八所”管理组织体系先后解体。尽管个别站所得以保留，但与乡、镇的关系实际上名存实亡，有关职能退缩到县（市）级。

这一改革导致的主要结果为乡、镇的财政支配权缺失，丧失了经济调配能力；没有了动议否决权，对域内项目废立落地无决定权，甚至无须过问；失去了人事任免权，乡、镇基本无权过问本级人事的任免问题。乡、镇级政府由此越来越失去了权威和公信力，管制职能与执行力弱化。

在乡、镇职能变化的同时，村级组织机构也在发生变化。在村“两委”方面，随着两轮土地承包责任制的落实，村“两委”的经济管理职能丧失；大量优势劳动力输出，又使其社会管理职能弱化；21 世纪初，乡村小学撤点并校，取消医疗点，其公共服务功能丧失。在此形势下，多数村级组织陷入困境，处于基本维持状态。有的村“两委”干部口袋里装着图章常年外出打工；有的村“两委”主要领导双肩挑与多肩挑，民兵连长、妇联主任一肩挑；有的多年连选连任，甚至 70 多岁还在连任，苦等来者。当然，也有极端违法乱纪的事件时有发生。

行政村与自然村是生态文明建设的前线，乡、镇是这一建设的前线指挥所。一支由老人、妇女与儿童组成的前沿队伍，加上组织功能严重弱化，几乎是只剩下光杆司令的前线指挥所，能够维持基本防守已经相当吃力，而要承担繁重的全域有机农业与生态文明建设任务，就必须改革现有基本状况。改革开放已经四十年，与之前相比，今日乡村形势已经发生巨大变化，加之城乡关系错综复杂，我们应在深入细致的调研基础上，有计划、有步骤地改革乡、镇组织机构状况，充实行政村与自然村级组织，为承担未来建设任务提供组织保障。

12. 恢复乡村党组织的战斗力

1921 年以来的中国革命史表明，中国共产党的建设发展与中国乡村振兴是不可分割的整体。中国共产党如果没有乡村社会做基础，就不可能完成以农村包围城市，最后夺取城市的新民主主义革命任务。

在社会主义建设时期、如果没有土地改革、合作化，稳定乡村社会经济，就不能支持城市安稳，实行资本主义工商业改造，积累财富，实现初步工业化。改革开放的第一步也是实行家庭联产责任承包制，激发出乡村的积极性，随后推动工业化、城市化高速发展的。

另一方面，如果不是中国共产党领导乡村，组织起乡亲们，就不可能推翻压在中国人民头上的封建主义、资本主义与官僚资本主义三座大山，就不会有1949年之后乡村民众翻身得解放，劳动群众喜气洋洋、斗志昂扬地进行社会主义生产建设，义无反顾地响应国家号召，保障国家工业现代化、国防现代化、科学技术现代化建设。1978年后，乡村响应党的号召，参加现代化建设，建立了新的可歌可泣的功勋。

中国共产党在中国乡村的斗争与建设实践一再证明了一条颠扑不破的真理：什么时候党坚定地扎根在乡村，与人民群众保持血肉联系，什么时候社会经济就发展壮大，事业就兴旺发达；什么时候疏离乡村基础，与乡村社会关系松动散乱，什么时候社会经济发展就遭受挫折，事业就衰败。

我国乡村振兴战略是国家生态文明建设的核心环节，涉及我国社会主义事业兴衰成败的长远大计。我们应不忘初心，牢记使命，谨记中国共产党建设发展与中国乡村振兴不可分割的整体的历史经验教训，全心全意依靠基层组织，通过基层党组织建设，发展建设骨干，领导有机合作社建设，从根本上保障实现乡村振兴，为城乡和谐发展、生态文明建设奠定坚实可靠的基础。